UM GUIA ILUSTRADO PARA

O Símbolo Perdido

UM GUIA ILUSTRADO PARA

O Símbolo Perdido

Descubra as respostas para os fascinantes
enigmas apresentados no novo
best-seller de Dan Brown

JOHN WEBER (ORG.)

PATRICK HUYGHE E MICHAEL BOBER
(ORGS. ADJUNTOS)

Tradução
Marcello Borges

Editora
Cultrix
SÃO PAULO

Título original: *An Illustrated Guide to the Lost Symbol.*

Copyright © 2009 Sensei Publications, LLC.

Os créditos completos, copyright e informações sobre permissões podem ser encontradas na p. 190, que é uma extensão desta página de copyright.

Todos os direitos reservados. Nenhuma parte desta obra pode ser reproduzida ou usada de qualquer forma ou por qualquer meio, eletrônico ou mecânico, inclusive fotocópias, gravações ou sistema de armazenamento em banco de dados, sem permissão por escrito, exceto nos casos de trechos curtos citados em resenhas críticas ou artigos de revistas.

A Editora Pensamento-Cultrix Ltda. não se responsabiliza por eventuais mudanças ocorridas nos endereços convencionais ou eletrônicos citados neste livro.

Coordenação editorial: Denise de C. Rocha Delela e Roseli de S. Ferraz

Preparação de originais: Roseli de S. Ferraz

Dados Internacionais de Catalogação na Publicação (CIP)
(Câmara Brasileira do Livro, SP, Brasil)

Um Guia Ilustrado para o Símbolo Perdido / John Weber (org.) ; Patrick Huyghe e Michael Bober (orgs. adjuntos) ; tradução Marcello Borges. – São Paulo : Cultrix, 2010.

Título original: An Illustrated Guide to the Lost Symbol
Bibliografia.
ISBN 978-85-316-1066-0

1. Brown, Dan, 1964- – Símbolo perdido – Manuais, guias, etc. 2. Maçonaria na literatura 3. Simbolismo na arquitetura – Washington (D.C.) – Edifícios, estruturas etc. 4. Sociedades secretas na literatura Washington (D.C.) – Edifícios, estruturas etc. I. Weber, John. II. Huygh, Patrick. III. Bober, Michael. IV. Título.

10-01702   CDD-813

Índices para catálogo sistemático:
1. Literatura norte-americana   813

O primeiro número à esquerda indica a edição, ou reedição, desta obra. A primeira dezena à direita indica o ano em que esta edição, ou reedição, foi publicada.

Edição	Ano
1-2-3-4-5-6-7-8-9-10	10-11-12-13-14-15-16-17

Direitos de tradução para a língua portuguesa
adquiridos com exclusividade pela
EDITORA PENSAMENTO-CULTRIX LTDA.
Rua Dr. Mário Vicente, 368 — 04270-000 — São Paulo, SP
Fone: 2066-9000 — Fax: 2066-9008
E-mail: pensamento@cultrix.com.br
http://www.pensamento-cultrix.com.br
que se reserva a propriedade literária desta tradução.

SUMÁRIO

(Os locais onde se desenrola *O Símbolo Perdido* estão em vermelho)

A CASA DO TEMPLO — 12
Capítulo 1: Maçonaria e os Antigos Mistérios — 17
Os Mistérios, *por W. L. Wilmshurst* — 19
Escondida à Luz do Dia — 21
Maçonaria Especulativa, *por Jasper Ridley* — 22
Rei Nimrod, o Primeiro e Mais Excelente Mestre? — 25
Origens do Sufismo, *por Robert Graves* — 27
A Lenda de Hiram Abiff, *por Michael Baigent e Richard Leigh* — 34
A Palavra Perdida, *por Gerard de Nerval* — 35
Assim em Cima como Embaixo, *por Manly Palmer Hall* — 45
Maçonaria Simbólica, *por John J. Robinson* — 48
O Viajante, *por John J. Robinson* — 56
Os Cavaleiros Templários e o Segredo do Pergaminho, — 58
   por John White

O CAPITÓLIO — 66
Capítulo 2: O Destino Secreto dos Estados Unidos — 73
Trecho de *Nova Atlântida*, *por sir Francis Bacon* — 75
O Colégio Invisível – Sobre Rodas!, *por Frances A. Yates* — 79
Civilidade Maçônica Durante a Guerra da Independência, — 82
   por Michael Baigent e Richard Leigh
O Grande Selo dos Estados Unidos, — 88
   por Joseph Campbell e Bill Moyers

A BIBLIOTECA DO CONGRESSO — 99
Capítulo 3: Pierre L'Enfant e a Fundação da Cidade de Washington — 105
O Grande Jantar, *por Michael Bober* — 107
Pierre L'Enfant Projeta a Capital Federal, *por Michael Bober* — 112
Pierre L'Enfant e a Geometria Sagrada da Cidade de
   Washington, *por Nicholas R. Mann* — 118

O CENTRO DE APOIO DOS MUSEUS SMITHSONIAN, 122

por Loren Coleman

Capítulo 4: Ciência Noética 125

Ciência Noética, *por Edgar D. Mitchell* 127
Rumo ao Homo Noeticus, *por John White* 132
Uma Entrevista com a Cientista Noética Marilyn Schlitz 134
O Laboratório PEAR, *por Brenda Dunne* 139
A Mente Global Existe?, *por Roger Nelson* 141
Dentro da Mente Global Entrelaçada, *por Dean Radin* 144

O MONUMENTO MAÇÔNICO A GEORGE WASHINGTON 146

Capítulo 5: *Decodificando* O Símbolo Perdido 149

Decifrando os Códigos na Capa de *O Símbolo Perdido*, 151
   por Greg Taylor
Câmara de Reflexão, *por Jess Maghan* 157
A Fênix de Duas Cabeças, *por Loren Coleman* 158
Quadrados Mágicos, *por Clifford A. Pickover* 161

DECODIFICANDO KRYPTOS, 164

por Greg Taylor

Capítulo 6: Teoria da Conspiração 173

Teoria da Conspiração, *por Umberto Eco* 174

O MONUMENTO A WASHINGTON, 180

por Nicholas R. Mann

Notas, Fontes e Permissões 190

ENCONTRANDO OS SÍMBOLOS PERDIDOS NA CIDADE DE WASHINGTON

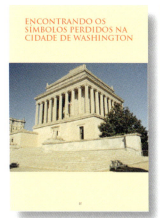

A Casa do Templo   11

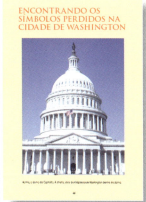

O Capitólio   64

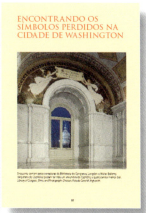

A Biblioteca do Congresso   98

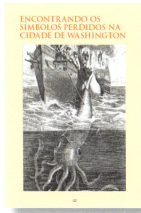

O Centro de Apoio dos Museus Smithsonian 122

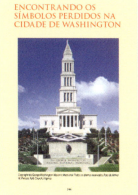

O Monumento Maçônico a George Washington 146

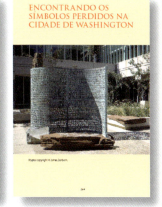

Kryptos   164

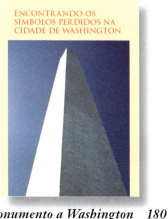

O Monumento a Washington   180

Uma Nota do Organizador

Em *O Símbolo Perdido* (assim como em *O Código Da Vinci* e em *Anjos e Demônios*), Robert Langdon vê e decifra o significado secreto de símbolos encontrados na arte e na arquitetura. O leitor só "vê" esses símbolos em sua imaginação.

Como os romances de Langdon são baseados em fatos, essa arte e essa arquitetura existe mesmo, e, por maior que seja a sua imaginação, seria difícil imaginar a Sala do Templo na Casa do Templo, ou *A Apoteose de Washington*, ou a estátua de Washington como Zeus. O Monumento Maçônico a George Washington e *Kryptos* desafiam a imaginação! Assim, a primeira função de nosso livro (e digo "nosso" porque mais de oitenta pessoas estiveram envolvidas na criação deste livro) é levá-lo até esses lugares para que você veja como são, com seus próprios olhos. Os capítulos "Encontrando os Símbolos Perdidos em Washington, DC" seguem o roteiro de ação de *O Símbolo Perdido* e apresentam os lugares que são importantes na trama.

A segunda função do nosso livro é preencher algumas das lacunas da história que só pode ser tratada superficialmente por Dan Brown num romance. Os capítulos numerados aprofundam as informações sobre a origem e a história da Maçonaria, o papel dos maçons na fundação dos Estados Unidos e o traçado e a construção da cidade de Washington. Também são apresentados alguns dos tesouros exibidos no Capitólio e na Biblioteca do Congresso. Finalmente, temos uma cartilha sobre a Ciência Noética escrita por Edgar Mitchell, que criou o Institute of Noetic Sciences (IONS, ou Instituto de Ciências Noéticas) – sobre Marilyn Schlitz (provável modelo para a personagem Katherine Solomon) e Dean Radin, Cientista Sênior no IONS.

Agradeço de coração a Patrick Huyghe e a Michael Bober pela parte editorial; a Laura Smyth por seu brilhante design; a Louise Burke e a Anthony Ziccardi da Simon & Schuster e a Sandra Martin e Alexander Dake da Paraview por tornarem possível este livro.

John Weber
Brooklyn, NY, 2009

ENCONTRANDO OS SÍMBOLOS PERDIDOS NA CIDADE DE WASHINGTON

A Casa do Templo

Dan Brown inicia *O Símbolo Perdido* na Sala do Templo da Casa do Templo, com o dr. Christopher Abbadon sendo elevado a maçom do 33º grau, e volta lá para o encerramento.

Situada no número 1733 da Rua 16 Noroeste (a Rua 16 é chamada pelos maçons de "O Corredor de Luz"), a Casa do Templo é a sede do Supremo Conselho (Conselho-Mãe do Mundo) do Cavaleiro Comandante e Inspetor Geral do Templo de Salomão do 33º Grau do Antigo e Aceito Rito Escocês da Franco-maçonaria da Jurisdição Sul dos Estados Unidos da América. (Sim, existe a Jurisdição Norte, cuja sede fica no National Heritage Museum em Lexington, Massachusetts.)

Visitantes (maçons ou não) são bem-vindos e há visitas com guias a cada meia hora ou a cada hora. As visitas têm sido intensas em função do efeito Dan Brown, e por isso é melhor telefonar antes. As fotografias são permitidas – e incentivadas.

O nome "Casa do Templo" refere-se ao Templo de Salomão, o edifício central do ritual e do simbolismo maçônicos.

A pedra angular da Casa do Templo foi assentada em 1911 e a construção terminada em 1915. Seu projeto seguiu o desenho do Mausoléu de Halicarnasso, uma das antigas Sete Maravilhas do Mundo.

Esfinge, olhos abertos.

Esfinge, olhos fechados.

Acima: Teto na forma de pirâmide inacabada da Casa do Templo. Abaixo: Entrada do Templo.

John Russell Pope foi o arquiteto da Casa do Templo. Depois, ele projetou o Memorial a Jefferson, o Arquivo Nacional e a Galeria Nacional de Arte.

O visitante precisa passar entre duas esfinges enormes para chegar à primeira porta, uma com os olhos abertos (talvez representando o pensamento, a percepção ou o contato com o mundo exterior) e outra com os olhos fechados (talvez sugerindo meditação, contemplação ou elevação da alma). Trinta e três colunas – cada uma com 33 pés (10 m) de altura – cercam o edifício. E há 33 assentos na Sala do Templo.

O teto da Casa do Templo é uma pirâmide "inacabada", com treze degraus. Embora seja difícil de enxergar isso do nível da rua, quem visita a cidade de Washington pode ver essa pirâmide "flutuando no ar" olhando para o sul do parque Meridian Hill, na frente do Monumento a Washington.

A Primeira Posse de George Washington, 30 de abril de 1787   por *John D. Melius*

Foto de Maxwell Mackenzie

Esta pintura e seu par, George Washington Assentando a Pedra Angular do Capitólio dos Estados Unidos, 18 de setembro de 1793, *estão no Salão de Banquetes em Memória a George Washington na Casa do Templo.*

O edifício no fundo é o Federal Hall, na cidade de Nova York. Depois de fazer o juramento como presidente, Washington beijou a Bíblia Sagrada que foi emprestada pela Loja St. John, também da cidade de Nova York.

As figuras históricas que participaram da cerimônia incluem alguns maçons bastante famosos. Os doze homens representados são, da esquerda para a direita:

1. Frederick William von Steuben, maçom, oficial do Exército e ajudante de campo de Frederico, o Grande, da Prússia. Von Steuben tornou-se major-general durante a Revolução e ficou conhecido como "instrutor-chefe do Exército Continental".

2. John Jay, à direita daquele e à frente, na época Secretário de Estado e mais tarde Juiz da Suprema Corte.

3. John Adams foi o primeiro vice-presidente e tornou-se o segundo presidente dos Estados Unidos.

4. Henry Lee, maçom, conhecido como "Harry Lee Cavalo Leve" por causa de suas brilhantes operações com a Cavalaria na Guerra da Independência. Ele foi ainda pai do general Robert E. Lee.

5. Robert R. Livingston, maçom, chanceler do Estado de Nova York e Grão-Mestre dos maçons de Nova York entre 1784 e 1800. Ele está à direita de Lee, perto da grade.

6. Samuel Otis, secretário do Senado, segurando a Bíblia da Loja St. John Nº 1, da cidade de Nova York.

7. George Washington, maçom, em pé com a mão direita posta sobre a Bíblia.

8. Morgan Lewis, maçom, marechal na época dessa cerimônia e depois major-general na Guerra de 1812. Foi eleito Grão-Mestre dos maçons de Nova York em 1830.

9. Frederick A. C. Muhlenberg, maçom, usando paletó de cor amarelo-ouro. Nascido na Pensilvânia, foi educado na Alemanha como clérigo luterano e eleito Orador da Câmara dos Deputados.

10. Arthur St. Clair, maçom, trajando uniforme militar. Nasceu na Escócia e foi aos Estados Unidos em 1757, tornando-se depois major-general no Exército Continental. Na época da posse de Washington, ele era governador do Território Noroeste.

11. George Clinton, próximo a St. Clair, era governador de Nova York na época da posse.

12. Henry Knox, maçom, conselheiro de Washington, major-general e chefe da Artilharia no Exército Revolucionário. Ele está na extrema direita da pintura e era Secretário da Guerra na época da primeira posse de Washington.

A Sala do Templo

À direita: A Claraboia.
Abaixo: Vista interior da Sala do Templo.
Foto de Maxwell Mackenzie.

CAPÍTULO 1
Maçonaria e os Antigos Mistérios

"A origem da Maçonaria é um dos mais discutidos e discutíveis assuntos de todo o domínio da investigação histórica."

—Frances A. Yates

Os Mistérios *por W. L. Wilmshurst*

W. L. Wilmshurst é autor de The Meaning of Masonry, *livro do qual foi extraído este texto.*

Em todos os períodos da história do mundo, e em todas as partes do globo, têm existido ordens e sociedades secretas fora dos limites das igrejas oficiais, com a finalidade de ensinar o que se chama de "os Mistérios": apresentar a mentes adequadas e preparadas certas verdades da vida humana, certas instruções sobre coisas divinas, sobre as coisas que pertencem à nossa paz, sobre a natureza humana e o destino humano, que não seria desejável publicar para as massas, que apenas profanariam esses ensinamentos e aplicariam os conhecimentos esotéricos que lhes seriam comunicados com finalidades perversas ou mesmo desastrosas.

Segundo nos dizem, esses Mistérios eram ensinados formalmente "nas mais elevadas colinas e nos mais profundos vales", apenas uma figura de expressão para dizer, primeiro, que foram ensinados em circunstâncias de extrema reclusão e sigilo, e, segundo, que foram ensinados tanto de forma avançada como simples, segundo a compreensão de seus estudantes. Naturalmente, muitos sabem que grandes sistemas de Mistérios (mencionados em nossas palestras como "nobres ordens da arquitetura", ou seja, da edificação da alma) existiram no Oriente, na Caldeia, Assíria, Egito, Grécia, Itália, entre os hebreus, entre muçulmanos e entre cristãos. Todos os grandes mestres da humanidade, Sócrates, Platão, Pitágoras, Moisés, Aristóteles, Virgílio, o autor dos poemas homéricos, e os grandes autores gregos de tragédias, juntamente com São João, São Paulo e inúmeros outros – foram iniciados nos Mistérios Sagrados. O modo de transmitir os ensinamentos variou muito de era para era; eles têm sido expressos sob diferentes véus; mas como a verdade final que os Mistérios procuram ensinar é sempre uma e a mesma, sempre foi ensinada, e só pode ser ensinada, a mesma doutrina – por ora, permita-me dizer apenas que, por trás de todos os sistemas religiosos oficiais

Legenda: Deus Pai medindo o universo.
Bible Moralisé, provavelmente de Reims, França, meados do século XIII.
Foto: Erich Lessing / Art Resource, NY.
Oesterreichische Nationalbibliothek, Viena, Áustria.

do mundo, e por trás de todos os grandes movimentos e desenvolvimentos morais da história da humanidade, sempre houve aquilo que São Paulo chamou de protetores ou "guardiães dos mistérios". O próprio cristianismo saiu dessa fonte. Dela originou-se a grande escola do cabalismo, esse maravilhoso sistema de tradição oral e secreta dos hebreus, da qual um forte elemento foi introduzido em nosso sistema maçônico. Dela saíram também muitas fraternidades e ordens. Cito, por exemplo, as grandes ordens de Cavalaria e a dos Rosa-cruzes, e a escola da alquimia espiritual. Finalmente, dela saiu também, no século XVII, a moderna Maçonaria especulativa.

Traçar a gênese do movimento, que iniciou suas atividades há uns 250 anos (nossos rituais e cerimônias foram compilados por volta de 1700), está além do propósito destes meus comentários. É possível dizer apenas que o movimento incorporou o elegante ritual e o simbolismo elementar que, nos séculos anteriores, tinham sido empregados pelas Guildas de construtores medievais, dando-lhes, porém, um significado mais pleno e um escopo bem mais amplo. Sempre foi o costume das Guildas associativas, e mesmo de muitas Sociedades Fraternais modernas, es-

piritualizar suas atividades, fazendo com que suas ferramentas de trabalho indicassem uma moral simples. Nenhuma outra atividade, provavelmente, prestou-se mais rapidamente a esse tratamento do que a construção; mas sempre que floresce uma grande indústria, vamos encontrar traços dessa indústria tornando-se alegóricos, com essa alegoria sendo empregada para a simples instrução moral daqueles que são membros operativos dessa indústria. Estou familiarizado, por exemplo, com um antigo sistema cerimonial egípcio, há uns 5.000 anos, que ensinava exatamente as mesmas coisas que a Maçonaria ensina, mas do ponto de vista da construção de navios no lugar da arquitetura. Mas as expressões e termos da arquitetura foram usados por aqueles que deram origem à Maçonaria moderna porque já estavam à mão; porque eram usados por certas associações que existiam; e, finalmente, porque são extremamente eficientes e importantes do ponto de vista simbólico.

Tudo o que desejo enfatizar neste estágio é que o nosso sistema atual não provém da remota antiguidade; não há uma continuidade direta entre nós e os egípcios, ou mesmo os antigos hebreus que construíram, no reinado do rei Salomão, um certo

Templo em Jerusalém. O que é extremamente antigo na Maçonaria é a doutrina espiritual embutida na fraseologia arquitetônica, pois esta doutrina é uma forma elementar da doutrina que tem sido ensinada ao longo das eras, independentemente de sua aparência.

ESCONDIDA À LUZ DO DIA

A Maçonaria é "um sistema de moral velada por alegorias e ilustrada por símbolos".

A glória de Deus é encobrir as coisas, mas a glória dos reis é esquadrinhá-las. – *Provérbios 25:2*

Langdon sorriu. "Desculpe, mas a palavra *oculto*, embora conjure imagens como a adoração ao demônio, na verdade significa 'escondido' ou 'obscurecido'. Em épocas de opressão religiosa, conhecimentos contrários à doutrina tinham de ser mantidos escondidos ou 'ocultos', e como a igreja se sentia ameaçada por isso, redefiniu tudo que era 'oculto' como maléfico, e o preconceito sobreviveu". – *O Símbolo Perdido*

"Assim em cima como embaixo." Essas palavras, atribuídas a Hermes Trismegisto, estão no centro da tradição esotérica ocidental. Em síntese, significam que o universo e tudo que ele contém se reflete de alguma maneira não apenas na Terra, como no homem e suas obras. A maior busca de todos os tempos sempre foi a tentativa do homem para compreender o mistério da existência e seu lugar nela. – *C. Fred Kleinknecht, 33º grau, Soberano Grande Comandante, Supremo Conselho*

Depois do colapso das instituições culturais pagãs, tornou-se ilegal ensinar textos clássicos ou transmitir conhecimentos científicos contrários ao cânone dominante. Para evitar perseguições e, ao mesmo tempo, perpetuar, em benefício de discípulos qualificados, as fórmulas mais avançadas da sabedoria antiga, as verdades sagradas eram apresentadas simbolicamente. – *Manly P. Hall*

Maçonaria Especulativa
por Jasper Ridley

Jasper Ridley é historiador e biógrafo. Suas obras incluem biografias de Mussolini, Tito, Henrique VIII, Elizabeth I, Garibaldi e Napoleão III e sua esposa, Eugenie. O trecho a seguir é de The Freemasons.

Entre 1550 e 1700, os maçons mudaram. Deixaram de ser um sindicato ilegal de maçons operativos, que aceitavam todas as doutrinas da Igreja Católica, e tornaram-se uma organização de cavalheiros intelectuais que optavam pela tolerância religiosa e pela amizade entre homens de diferentes religiões, e acreditavam que a simples crença em Deus deveria substituir doutrinas teológicas controversas. Na linguagem da época, os "maçons práticos" foram substituídos pelos "maçons aceitos" ou "cavalheiros maçons", como costumavam ser chamados na Escócia. Posteriormente, esses maçons aceitos foram chamados *maçons especulativos*, mas esta expressão não era usada antes de 1757.[1]

Ninguém sabe ao certo quando se deu essa mudança. Historiadores maçônicos têm escrito livros longos e eruditos apresentando suas explicações, que têm sido refutadas por outros historiadores maçônicos em livros igualmente longos e eruditos, enquanto os autores antimaçônicos, com seus *best-sellers* populares, têm apresentado suas próprias teorias. Algumas das explicações são forçadas e quase ridículas. Outras são bastante convincentes e apoiadas por boa quantidade de evidências plausíveis, mas há, do mesmo modo, fortes evidências a sugerir que a explicação está errada.

É antiga a tradição de guildas profissionais que aceitam como membros homens que não estão ligados ao ofício. As companhias de tecelagem da cidade de Londres – das quais a mais antiga é a dos Weavers, fundada em 1155 – consistiam originalmente de membros do ofício. Mas desde os primeiros tempos, os filhos dos tecelãos, se tivessem nascido depois de o pai ser associado à companhia, podiam tornar-se tecelãos por patrimônio. Na Idade Média, era costume o homem seguir o mesmo ofício que seu pai, mas às vezes alguns não o faziam; isso, porém, não o impedia de ser membro da companhia. À parte isso, as companhias de tecelagem podiam admitir como membros homens que não tinham ligação com a associação, fosse por nascimento, fosse por ocupação; e muitas o faziam.

Por volta do século XIV, a grande companhia de tecelagem, a Taylors and Linen Armorers (que depois mudou seu nome para "the Merchant Taylors"), admitia como tecelãos homens do campo que lhes vendiam lãs para exportação à Holanda. Chegaram mesmo a admitir o rei Eduardo III como tecelão, depois de lhe emprestarem dinheiro para custear suas guerras, mesmo sabendo que ele nunca iria devolver o empréstimo. Para os homens do campo, era vantajoso ficar mais próximos da cidade de Londres, e para a companhia de tecelagem era prestigioso receber cavalheiros do interior, numa sociedade tão estratificada como a da Inglaterra do século XIV – cavalheiros que, diferentemente de seus inferiores sociais, podiam, caso tivessem terras que rendessem 20 libras por ano ou mais, usar um anel de ouro, uma camisa de seda e trajes vermelhos ou de veludo.

Na Escócia, era muito normal convidar-se cavalheiros influentes para uma guilda profissional. Ficou tão comum os pedreiros escoceses convidarem os cavalheiros da família St. Clair em Rosslyn para fazerem parte de sua guilda, que os St. Clairs afirmavam, erroneamente, que tinham o direito hereditário de exercer a autoridade sobre os pedreiros da Escócia. O rei James IV entrou para a Guilda de Comerciantes de Edimburgo em 1505; sessenta anos depois, o conde de Moray, meio-irmão ilegítimo da rainha Mary da Escócia, quando regente para o infante rei James VI, entrou para a Companhia dos Padeiros de Glasgow.[2]

Por volta dos séculos XVI e XVII, a leitura da Bíblia é que estimulava muitos cavalheiros a se associarem a lojas maçônicas. Com razão, a Igreja Católica considerava a tradução da Bíblia para o inglês, e a leitura da Bíblia em inglês por parte do povo, como a maior ameaça à sua autoridade. Sir Thomas Moore e outros perseguidores oficiais foram zelosos na queima de exemplares da Bíblia em inglês, e os protestantes que a distribuíam. Se as pessoas lessem a Bíblia, considerariam a Bíblia, e não a Igreja, como a autoridade que deveriam obedecer.

Não bastava para a Igreja dizer às pessoas que elas deviam obedecer ao Papa porque estava declarado nos Evangelhos que Cristo disse a Pedro: *"Tu es Petrus, et super hanc petram aedificabo ecclesiam mean"*[3] – um jogo de palavras que na tradução para outras línguas acabou se perdendo – "Tu és Pedro, e sobre esta pedra edificarei a minha igreja"; pois os leitores da Bíblia poderiam questionar por que essa passagem implicaria que, 1.500 anos depois, o Bispo de Roma deveria ser o Chefe Supremo da Igreja. Eles lembrariam que nada na Bíblia afirma que Pedro esteve em Roma, tal como lembraram que o Natal não deveria ser comemorado como uma festa da Igreja, pois nada na Bíblia afirma que Nosso Senhor nasceu no 25º dia de dezembro. Havia trechos da Bíblia com implicações revolucionárias, como John Knox lembrou em suas extensas notas de rodapé à tradução inglesa da Bíblia que ele e seus colegas publicaram em Genebra em 1560. Esses trechos mostram que os profetas de Deus tinham deposto reis perversos, e, nas palavras de Knox, que "Jehu matou dois Reis por ordem de Deus".[4]

Os protestantes leram CADA UMA das 860.000 palavras da Bíblia para encontrar textos que pudessem denegrir as doutrinas e a autoridade da Igreja Católica. No Livro 2 de Crônicas, leram que o rei Salomão decidiu construir um templo, e que por isso pediu a Hiram, rei de Tiro, para mandar-lhe arquitetos e pedreiros para trabalhar no templo, com o que a obra foi completada; e leram sobre o comprimento, a largura e a altura do templo.[5] Como tudo na

Bíblia seria a Palavra de Deus, essas medidas não foram inseridas desnecessariamente, ou para satisfazer a mera curiosidade do leitor; elas deveriam ter alguma implicação teológica profunda.

Embora os extremistas presbiterianos e protestantes rejeitassem qualquer coisa que não estivesse na Bíblia, os maçons estavam preparados para acrescentar muitas histórias que não estavam no Livro de Crônicas sobre a construção do templo de Salomão. Contaram a história de Hiram, mas não o rei de Tiro, e sim de Hiram Abiff, que conhecia o segredo do templo. Três vilões o sequestraram e o ameaçaram de morte caso ele não o revelasse; e como ele não traiu a confiança que lhe fora depositada, eles o mataram. Quando Salomão soube disso, ficou imaginando qual seria o segredo de Hiram Abiff, e se esse segredo teria morrido com ele. Mandou três pedreiros à procura do corpo de Hiram e de seu segredo, e disse-lhes que, se não descobrissem o segredo, a primeira coisa que vissem quando encontrassem o corpo de Hiram tornar-se-ia dali em diante o segredo do templo. Os pedreiros acabaram encontrando o corpo de Hiram, e, quando abriram seu caixão, a primeira coisa que viram foi sua mão; e, como não

REI NIMROD, O PRIMEIRO E MAIS EXCELENTE MESTRE?

Torre de Babel, 1563. Pieter Brueghel, o Velho, *Kunsthistoriches Museum, Viena, Áustria*.

"A data da construção do Templo do rei Salomão nem sempre foi a principal data na cosmologia maçônica", escreveu Daniel Beresniak em *Les Symboles de Francs-maçons*, traduzido por Ian Monk. De acordo com o Manuscrito Régio (cerca de 1410), foi o rei Nimrod, construtor da Torre de Babel, "que deu aos maçons sua primeira 'carta', suas primeiras regras de conduta e código profissional". Só nos primeiros anos do século XVIII é que Nimrod foi suplantado por Salomão.

encontraram nenhum segredo, o aperto de mãos e outros sinais de reconhecimento, adotados pelos pedreiros dali em diante, tornaram-se o novo segredo.[6]

Como parte da cerimônia na qual um maçom é elevado ao terceiro grau e se torna um Mestre, ele participa da representação da história do assassinato de Hiram Abiff. Como Hiram, ele faz o juramento de que não revelará os segredos da Maçonaria, e concorda que, se não honrar seu juramento, será correto executá-lo cortando seu coração, fígado e outras entranhas. As terríveis penalidades com que o candidato concorda que recaiam sobre ele caso ele rompa seu voto de sigilo são bem parecidas com os castigos sofridos pelos traidores, ou seja, enforcamento e esquartejamento. A tradição maçônica conta outras histórias sobre a origem e o desenvolvimento da Maçonaria. Em 1723, depois da formação da Grande Loja da Inglaterra, elas foram publicadas pelo proeminente maçom James Anderson em seu *Book of Constitutions* [*Livro das Constituições*]; mas com quase toda certeza, já circulavam e eram seguidas antes do final do século XVII. Deus era maçom; não tinha construído o céu e a terra em seis dias? Adão era maçom. Foram os maçons que construíram a Torre de Babel; e quando Deus ordenou que as pessoas deveriam falar línguas diferentes, Ele disse aos maçons para se comunicarem por sinais secretos com maçons que falassem outras línguas diferentes. Noé era maçom, embora tenha feito a arca com madeira e não com pedra. Abraão era maçom. Ele inventou a geometria e, quando estava no Egito, encontrou um escravo grego chamado Euclides. Abraão ensinou geometria a Euclides, e este escreveu o que Abraão lhe ensinou, e por meio dos textos de Euclides o mundo aprendeu geometria. A história continua: a arte de trabalhar as pedras foi introduzida na Britânia na época romana por S. Albano; mas após a morte dos Quatro Mártires Coroados, desapareceu da Britânia até ser reintroduzida pelo rei Athelstan em York, no século X. Posteriormente, foi protegida por outros soberanos. A rainha Elizabeth I não gostava dos maçons pois, sendo mulher, não podia ser admitida na ordem como um deles; mas James I, Charles I, Charles II e William III eram maçons. Obviamente, os maçons eram muito especiais, e os favoritos de Deus; assim como Deus criara os homens para estarem acima dos animais, criara os maçons para estarem acima dos outros homens.[7]

Tudo isso era uma total insensatez; mas era elogioso para os maçons, que acreditavam no que queriam acreditar.

Os homens eruditos do século XVII interessaram-se muito pelo templo de Salomão. Teólogos, filósofos e outros acadêmicos escreveram longos livros a seu respeito em latim. O matemático e cientista Isaac Newton impressionou-se particularmente pelo templo. Muitos de seus 470 livros e textos versam sobre temas teológicos, e ele escreveu vários sobre

ORIGENS DO SUFISMO

por Robert Graves

Muitos maçons ficarão surpresos ao conhecer esta versão da origem da Maçonaria, escrita pelo autor de **The White Goddess.**

Os sufis são uma antiga maçonaria espiritual cujas origens nunca foram localizadas ou datadas; tampouco se interessam muito por essas pesquisas, satisfazendo-se em mostrar a ocorrência de seu modo de pensar em diferentes regiões e períodos... Com efeito, a própria Maçonaria começou como uma sociedade sufista. Ela chegou à Inglaterra no reinado do rei Aethelstan (924-939) e foi introduzida na Escócia sob o disfarce de uma guilda de ofício no início do século XIV, sem dúvida pelos Cavaleiros Templários. Sua reforma teve lugar no início do século XVIII em Londres, por alguns sábios protestantes que confundiram suas expressões sarracenas com o hebraico, o que obscureceu muitas de suas antigas tradições. Richard Burton... sendo tanto maçom quanto sufista, mostrou a relação íntima entre as duas sociedades, mas não avançou em nenhuma delas a ponto de perceber que os maçons começaram como grupo sufista. Idries Shah Sayed mostra agora que isso foi uma metáfora para a "reedificação", ou reconstrução do homem espiritual a partir do seu estado arruinado; e que os três instrumentos de trabalho exibidos nas modernas lojas maçônicas representam três posturas da prece. "Buizz" ou "Boaz", e "Salomão, filho de Davi", homenageados pelos maçons como construtores do templo do rei Salomão em Jerusalém, não eram súditos israelitas de Salomão ou aliados fenícios como se supõe, mas arquitetos sufis de Abdel-Malik que construíram o Domo da Rocha sobre as ruínas do templo de Salomão, e seus sucessores. Seus nomes reais incluem Thuban abdel Faiz ("Izz") e seu "bisneto" Maaruf, filho (discípulo) de David de Tay, cujo nome sufi em código era Salomão, pois ele era "filho de David". As medidas arquitetônicas escolhidas para esse Templo, como para o prédio da Caaba em Meca, eram os equivalentes numéricos de certas raízes árabes que transmitiam mensagens sagradas, e cada parte do prédio se relacionava com as demais segundo proporções definidas.

Domo da Mesquita de Omar (Domo da Rocha), Jerusalém, Israel. *Foto: S. Vannini © DeA Picture Library / Art Resource, NY.*

o templo. Ele considerava Salomão o maior filósofo de todos os tempos. Ele parece ter acreditado que sua leitura das medidas do templo de Salomão ajudaram-no a formular sua lei da gravidade, e estava certo de que, a partir dessas medidas, seria possível prever que a Segunda Vinda de Cristo teria lugar em 1948, bem como as datas de outros acontecimentos portentosos durante os quatrocentos anos seguintes.[8]

Frontispício de *The History of the Royal Society of London* [A História da Royal Society de Londres], de Thomas Sprat, 1667. Desenhado por John Evelyn e gravado por Wenceslaus Hollar. Fundada após a restauração de Charles II em 1660, a Royal Society foi orientada pelas filosofias científicas de sir Francis Bacon. Da esquerda para a direita: William Brouncker, matemático e primeiro presidente da sociedade; busto do rei Charles II; sir Francis Bacon, que morreu em 1626.

E havia ainda a Palavra Maçônica. As pessoas ouviam falar na Palavra Maçônica e imaginavam o que seria ela. Não havia um bom motivo para se interessarem em saber a palavra codificada que os pedreiros escoceses tinham inventado para que pudessem distinguir entre mestres e aprendizes; porém, depois que as pessoas tinham lido e ouvido falar no templo de Salomão e em todas as histórias sobre cerimônias secretas de iniciação e no juramento feito pelos maçons, a Palavra Maçônica adquiriu um fascínio romântico e sinistro. Elas também ouviam falar nos rosa-cruzes – os irmãos da "Rosa-Cruz", como se chamavam – e confundiam maçons, rosa-cruzes e bruxaria. Um poema publicado em Edimburgo em 1638 referia-se aos maçons de Perth:

> Pois nós somos irmãos da Rosa-Cruz;
> Temos a Palavra Maçônica e a segunda visão;
> Podemos predizer coisas que virão.[9]

O ministro presbiteriano de uma paróquia em Kirkcudbrightshire, Escócia, preocupava-se, em 1695, com a ligação entre Maçonaria e bruxaria. Ele fora informado de que um maçom local encontrara-se com o Diabo, doando seu primogênito para ele em troca da Palavra Maçônica; porém, depois de investigar a questão, o ministro convenceu-se de que a alegação não era verídica, que o maçom nunca teria se encontrado com o Diabo e que não sabia a Palavra Maçônica.[10] Sir Robert Moray foi um dos poucos homens que tiveram vínculos tanto com os rosa-cruzes quanto com os maçons. Ele era um bom presbiteriano, mas, como outros cavalheiros escoceses com propensão aventureira, ele foi à França na década de 1630 e se alistou como voluntário para o exército do rei católico Luís XIII. O primeiro-ministro de Luís, cardeal Richelieu, mandou-o para o exército francês do lado protestante da Guerra dos Trinta Anos, pois Richelieu achou que seria de interesse da França opor-se ao Sacro Império Romano dos Habsburgos e ao rei da Espanha. Depois de distinguir-se em seus serviços ao exército francês, Moray voltou à Escócia e lutou junto aos partidários da Aliança Escocesa quando estes se revoltaram contra as tentativas de Charles I e do arcebispo Laud para forçá-los a adotarem uma forma de serviço religioso menos protestante do que aquele prescrito pelo livro de John Knox. Os escoceses venceram e invadiram a Inglaterra. Enquanto seu exército estava em Newcastle, Moray, que era general intendente do exército, foi iniciado em 20 de março de 1641 numa loja maçônica de Edimburgo, da qual alguns membros estavam em Newcastle com o exército. Foi o primeiro caso registrado de admissão a uma loja militar, algo que, posteriormente, tornou-se uma prática comum no exército.[11] Os escoceses venceram a guerra contra Charles I, e a derrota do rei precipitou a revolução de 1640 e o início da Guerra Civil na Inglaterra. No início, os escoceses se mantiveram neutros, mas depois se alinharam com o Parlamento e contra o rei, sob a condição de que o Parlamento tornasse a Inglaterra um estado presbiteriano; mas Robert Moray, bem como o marquês de Montrose, fazia parte de uma minoria de presbiterianos que, tendo combatido Charles I na guerra de 1640, lutou ao lado do rei na Guerra Civil inglesa. Após a derrota e captura de Charles I, Moray fugiu para a França, mas voltou à Inglaterra com a Restauração de Charles II, e foi um dos fundadores da Royal Society. Moray era amigo e patrono de Thomas Vaughan, o rosa-cruz galês que publicou a primeira tradução inglesa da *Fama Fraternitatis*, supostamente escrita por Christian Rosenkreutz.[12]

O antiquário inglês Elias Ashmole, cuja coleção formou o Ashmolean Museum de Oxford, era advogado em Londres. Ele lutou por Charles I na Guerra Civil e, no final da guerra, em 1646, foi feito prisioneiro pelos partidários de Cromwell em Lancashire. Mesmo na prisão, foi iniciado como maçom em Warrington, em 16 de outubro de 1646. Seu sogro, o coronel Henry Mainwaring, oficial do exército de Cromwell e proprietário de terras em Cheshire, foi iniciado nessa loja na mesma ocasião. Ashmole manteve o interesse pela Maçonaria durante o resto de sua vida, e registrou em seu diário que esteve numa reunião na loja maçônica nos salões da Masons' Company de Londres em 1682.[13]

As lojas maçônicas, que tinham como membros maçons aceitos, estavam se espalhando por toda a Inglaterra. Robert Plot, curador do Ashmolean Museum e professor de química na Universidade de Oxford, que não era maçom, escreveu sobre a Maçonaria em sua terra natal em seu livro *The Natural History of Stafford-shire*, em 1686. Ele comentou que ela estava se espalhando por toda a Inglaterra, mas mais depressa no território de Staffordshire do que em qualquer outro lugar:

pois aqui encontrei pessoas da mais alta qualidade, que não desdenhavam de sua participação na *Fraternidade*. Tampouco precisavam fazê-lo, sendo pessoas *antigas* e *honradas* na terra, possuindo um grande volume em pergaminho que contém a História e Regulamentos do ofício da *maçonaria*.[14]

Em Londres, alguns intelectuais eminentes, e diversos membros da Royal Society, eram maçons; mas muitos não eram. Ashmole, sir Robert Moray e talvez Inigo Jones eram maçons, mas Isaac Newton, não. Muito se discutiu se sir Christopher Wren era maçom, e as evidências são contraditórias; mas um documento recém-descoberto parece confirmar que ele foi iniciado na Maçonaria em 1691, mas sem nunca ter tido participação ativa nos assuntos da fraternidade. A filiação aumentava na Escócia também. John Boswell, proprietário de terras em Auchinleck, iniciado numa loja de Edimburgo em 8 de junho de 1600, pode ter sido admitido simplesmente porque os maçons consideraram útil ter um cavalheiro como membro de sua loja; mas numa loja de Aberdeen em 1670, dos 49 mestres maçons, apenas 10 eram maçons operativos; 4 eram nobres, 3 eram cavalheiros proprietários de terras, 8 eram advogados ou profissionais em geral, 9 eram varejistas e 15 eram donos de lojas.[16] Outra teoria foi apresentada para explicar o crescimento da Maçonaria na Escócia. Segundo ela, os maçons eram Cavaleiros Templários, a ordem militar criada para defender o reino cristão da Palestina. Em 1094, o papa ordenou a Primeira Cruzada, apelando à Europa cristã pela libertação de Jerusalém, cidade onde Cristo vivera e morrera, dos infiéis muçulmanos. Em julho de 1099, os cruzados capturaram Jerusalém e massacraram a maioria dos habitantes muçulmanos da cidade. Depois, estabeleceram um reino cristão em Jerusalém e nas vizinhanças, que chamaram de Ultramar.

Naturalmente, era necessário defender o território de Ultramar das tentativas muçulmanas de reconquista, e em 1118 o papa autorizou a formação de um corpo de cavaleiros militares, que foram chamados de Cavaleiros Templários. Durante 160 anos, os Cavaleiros Templários defenderam Ultramar dos ataques muçulmanos, mas com sucesso parcial. Em 1187, os muçulmanos, liderados por Saladino, derrotaram Ultramar e capturaram Jerusalém; e todas as tentativas dos cruzados para reconquistar a cidade fracassaram até o imperador romano Frederico II sair na Sexta Cruzada, em 1228, numa época em que estava num duro conflito de poder com o papa. Este o havia excomungado e estava oferecendo ajuda financeira aos muçulmanos para que eles pudessem derrotar a cruzada do imperador. Mas Frederico, cuja postura tolerante diante de questões religiosas fizeram-no disposto a negociar tão amigavelmente com os muçulmanos quanto com os judeus, fez um tratado com o sultão, e este deu-lhe o direito de ocupar Damasco, Nazaré e Jerusalém durante dez anos; e, sem travar uma batalha sequer, tornou-se o único líder cristão a entrar em Jerusalém desde que Saladino a havia capturado. Enquanto o papa Gregório IX cometeu o grande pecado de invadir o território de um governante que estava ausente numa cruzada, assolando as províncias de Frederico no norte da Itália, Frederico coroava-se rei de Jerusalém, pois nenhum bispo ou sacerdote estava disposto a coroá-lo sabendo das advertências papais.

Ao expirar o tratado de dez anos, os muçulmanos ocuparam novamente Jerusalém em 1239, e nenhum cruzado cristão tornou a entrar na cidade. A cruzada seguinte foi liderada por um filho da Igreja bem mais pio e obediente do que Frederico II: S. Luís, rei da França, que disse a seu favorito, Jean, senhor de Joinville, que o único modo pelo qual um bom cristão deveria discutir com um judeu seria enfiando sua espada até o cabo nas entranhas do judeu. As duas cruzadas de S. Luís fracassaram. A última cruzada foi abandonada em 1276. Depois disso, os Cavaleiros Templários não tiveram nada para fazer.

Enquanto ficaram em Ultramar, os Templários mantiveram contato com muçulmanos e com judeus, interessando-se por suas lendas. Conheceram as histórias sobre a construção do templo de Salomão em Jerusalém. Alguns deles, como os membros de outras ordens monásticas medievais, corromperam-se. Espalharam-se rumores de que eles se entregavam a vícios antinaturais, como o homossexualismo, e que se dedicavam a práticas anticristãs e satânicas; dizia-se que quando novos recrutas entravam para a Ordem dos Templários, cuspiam no crucifixo durante suas cerimônias de iniciação, e negavam Cristo.

Em 1305, o rei Filipe IV da França (Filipe o Belo) decidiu eliminar os Templários e confiscar todas as suas valiosas propriedades. Dois Templários confessaram que teriam se dedicado a práticas imorais e satânicas. O papa se manteve cético; durante dois anos, recusou-se a acreditar nas alegações do rei contra os templários. Mas com o tempo, mais e mais Cavaleiros Templários presos confessaram crimes, e o papa concordou em ordenar uma investigação completa da Ordem. Os inquisidores interrogaram mais de 500 templários e outras testemunhas na França, mas também realizaram investigações em outros países, inclusive a Inglaterra, onde examinaram 68 testemunhas em Londres, Lincoln e York. Na Escócia, dois templários e 41 testemunhas foram interrogados pelo bispo de St. Andrews.

Os Templários foram considerados culpados da maioria dos crimes de que foram acusados. O idoso Grão-Mestre, Jacques de Molay, e três de seus mais altos oficiais, acabaram confessando também, e depois de ficarem vários meses na prisão, foram levados diante dos cardeais na catedral de Notre Dame, em Paris, em 11 de março de 1314, sendo sentenciados à prisão perpétua. Dois deles aceitaram a decisão do tribunal, mas Molay e o Grão-Mestre Preceptor da Normandia renegaram suas confissões, dizendo que eram inocentes de todos os crimes de que tinham sido acusados, e que mereciam morrer por terem acusado falsamente a sua Ordem. Os cardeais suspenderam o julgamento até o dia seguinte, dizendo que lidariam depois com os dois templários obstinados; mas a notícia dos fatos chegou ao rei Filipe o Belo no palácio do Louvre, perto dali. Ele ordenou que Molay e o Grão-Mestre Preceptor da Normandia fossem queimados vivos imediatamente como hereges reincidentes numa ilhota do rio Sena, entre os jardins reais e a igreja dos Irmãos Eremitas de S. Agostinho; a sentença foi executada na mesma noite.[17]

Embora a maioria dos Cavaleiros Templários tenha sido executada, sentenciada a longos períodos no cárcere ou perdoados após a confissão de seus crimes, não restam dúvidas de que alguns deles desapareceram e escaparam. O que aconteceu com eles? Tudo que se sabe com certeza é que o rei de Portugal, ao contrário de outros soberanos europeus, não considerou os Templários culpados das acusações contra eles. Ele concedeu asilo político àqueles que foram para Portugal, e permitiu que se reconstituíssem sob outro nome.*

Nos séculos seguintes, porém, espalharam-se outros rumores sobre os Cavaleiros Templários. Dizia-se que o velho Jacques de Molay, embora sofresse com a tortura, estava de plena posse dos seus sentidos nos dias que antecederam sua execução. Ele conseguiu reunir sigilosamente seus oficiais superiores em sua cela, e indicou quatro representantes que deviam continuar a governar a Ordem no sul, no norte, no leste e no oeste. O sul deveria ser governado desde Paris, o norte desde Estocolmo, o leste desde Nápoles e o oeste desde Edimburgo.[18] Alguns Templários fugiram para a Escócia, onde Robert Bruce estava em meio à guerra de independência contra o rei Eduardo II da Inglaterra, e fora excomungado pelo papa por ter assassinado seu rival e pretendente ao trono, Comyn, numa igreja. Em segredo, Bruce concedeu asilo aos Cavaleiros Templários.

Em 24 de junho de 1314 – três meses depois de Molay e seu colega serem queimados – Bruce derrotou Eduardo na batalha de Bannockburn. É um pouco confusa a história dos acontecimentos desse dia, pois o relato mais antigo a seu respeito foi escrito por um cronista escocês quase sessenta anos depois; mas, segundo conta ele, no momento decisivo da batalha, os "ghillies" escoceses –

---

* Cavaleiros da Ordem de Cristo, ou da *Ordo Militiae Jesu Christo*, que ajudaram Portugal a criar a Escola de Sagres e a realizar grandes feitos marítimos, como a descoberta do Brasil; as naus portuguesas levavam sua cruz nas velas (N. do T.).

servos que realizavam trabalhos de rotina no acampamento escocês – caminharam até o alto da colina que dava para o campo de batalha para ver o que estava acontecendo. Os ingleses os viram e, acreditando erroneamente que um novo exército escocês estaria prestes a entrar em combate, fugiram correndo. Segundo outra teoria, esse novo exército não era formado pelos serviçais do acampamento, mas pelos Cavaleiros Templários aos quais Bruce concedera asilo; agora, demonstravam sua gratidão a Bruce unindo-se a ele em combate em Bannockburn.

Depois da batalha, os Cavaleiros Templários se refugiaram numa das ilhas da costa oeste da Escócia. Ficaram lá por oitenta anos, mas, no final do século XIV, foram para a costa leste e se estabeleceram em Aberdeen, onde passaram a se chamar de maçons. Por volta do século XVI, mudaram-se de novo, indo agora para Edimburgo, ao sul dali.[19]

A LENDA DE HIRAM ABIFF
por Michael Baigent e Richard Leigh

Era ele filho de uma viúva, da tribo de Naftali – I Reis 7:13-4

Gerard de Nerval (1808-1855)
Foto: Adoc-photos / Art Resource, NY.

Em 1851, o poeta francês Gerard de Nerval, recém-chegado do então exótico Oriente Médio, publicou um livro de memórias, depois traduzido como *Journey to the Orient*. Nesse livro, Nerval incluiu... um diário de viagem, comentários sobre costumes e modos, histórias populares e contos que ouviu. Nestes, inclui-se a mais completa, detalhada e evocativa versão da história de Hiram que já foi impressa, antes ou depois. Nerval não apenas apresentou a narrativa básica... [como] também divulgou – pela primeira vez, segundo sabemos – um emaranhado de estranhas tradições místicas associadas na Maçonaria com a história e os ascendentes de Hiram... a estranha, assustadora e evocativa história [narrada por Nerval] é a mais completa e detalhada versão que já vimos, e provavelmente que chegaremos a ver.

— Michael Baigent e Richard Leigh, *The Temple and the Lodge*

A Palavra Perdida
por Gerard de Nerval

(Nessa narrativa, Hiram é chamado de Adoniram; Daoud é David. NB: A visita da rainha de Sabá a Salomão é contada no Primeiro Livro dos Reis.)

Enquanto Soliman recebia Balkis em sua residência no campo, um homem, que atravessava o planalto de Moriah, olhava pensativo para o crepúsculo ocultando-se nas nuvens e para as velas acesas que rompiam as sombras em volta de Millo como uma multidão de estrelas. Ele lançou um adeus silencioso à sua amada e deu uma última olhada nas rochas de Solyme e nas margens do Kedron. O tempo estava nublado, e antes que o pálido sol se pusesse completamente, teve tempo de ver a noite avançando sobre a terra. Com o ruído dos martelos sobre os sinos de bronze conclamando para a reunião, Adoniram livrou-se de seus pensamentos e se apressou. Não tar-

Construindo o Templo de Salomão, ilustração da Bíblia de Rafael, Escola Italiana, século XVIII. Coleção Particular. Foto © Bonhams, Londres, GB / The Bridgeman Art Library.

O TEMPLO DO REI SALOMÃO E A LENDA DE HIRAM ABIFF

A construção do Templo de Salomão (também conhecido como "O Primeiro Templo") foi concluída em 960 a.C. Ele ficava no lado leste de Jerusalém, sobre o monte Moriah. A construção do templo é descrita minuciosamente pela Bíblia. Sua função principal era abrigar a Arca da Aliança, que continha as tábuas sagradas dadas por Deus a Moisés. Hiram, rei de Tiro, forneceu a Salomão materiais e muitos operários especializados para o projeto, inclusive o Mestre Construtor, Hiram Abiff.

Segundo a lenda, Abiff determinava se o operário era Aprendiz, Companheiro ou Mestre por meio de um sistema de palavras secretas, o que lhe permitia pagar-lhes o salário apropriado. A palavra do Aprendiz era "Boaz", a palavra do Companheiro era "Jachin" e a palavra do Mestre era "Jeová". ("Boaz" e "Jachin" são comemorados em todas as lojas maçônicas na forma de dois pilares, simbolizando a dualidade.)

A lenda prossegue, dizendo que, um dia, três operários de má índole atacaram Hiram e exigiram que ele lhe desse a palavra dos Mestres. Como ele se recusou a fazê-lo, eles o mataram, enterraram seu corpo no campo e fugiram. Diz-se que, durante a luta com seus agressores, Hiram teria gritado: "Quem ajudará o filho da viúva?" A recusa de Hiram em fornecer a palavra secreta – ao custo de sua própria vida – tem sido reverenciada pelos maçons como exemplo de coragem e de firmeza diante do perigo.

Baigent e Leigh apresentam uma versão muito intrigante da lenda de Hiram, na qual sua esposa seria a rainha de Sabá, cobiçada pelo rei Salomão.

Será crível a versão de Nerval? Como alegoria, perfeitamente. (Como podemos duvidar da veracidade de um homem que gostava de levar sua lagosta de estimação, Thibault, para passear pelos jardins do Palais Royal, amarrada na ponta de uma longa fita azul?)

Construção do Templo de Jerusalém sob a Ordem de Salomão, Jean Fouquet (ca. 1415/20-1481). *Bibliotèque Nationale, Paris, França. Giraudon / Art Resource, NY.*

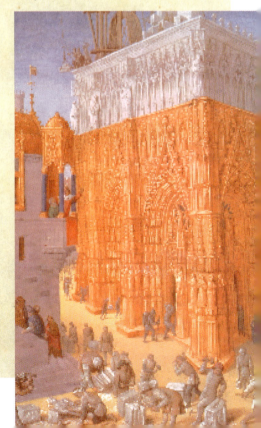

dou para passar pela multidão de operários reunidos, onde iria fazer a distribuição dos salários. Entrou no templo pela porta ocidental e saiu pela porta oriental, parcialmente aberta, posicionando-se ao pé da coluna de Jachin.

Plantas iluminadas sob o peristilo estalavam sob gotas de chuva morna, às quais os trabalhadores resfolegantes ofereciam de bom grado pernas e braços suados. A multidão era grande, e Adoniram tinha a seu dispor, além dos contadores, assistentes cuidando das diferentes categorias. Para dividir os trabalhadores nos três graus hierárquicos, era usada uma senha, substituindo, nessas circunstâncias, os sinais manuais que tomariam muito tempo. Os salários eram entregues mediante a declaração da senha.

A senha dos aprendizes era Jachin, a dos diaristas era Boaz e a dos mestres era Jeová. Dispostos em grupos e alinhados em fila indiana, os operários se apresentavam aos assistentes na sala da contabilidade. Antes de cada um receber seu salário, Adoniram tocava sua mão e o operário sussurrava uma palavra em seu ouvido. A senha fora mudada nesse último dia. Os aprendizes diziam Tubal-Cain, os diaristas Shibboleth e os mestres Giblim.

Lentamente, a multidão foi diminuindo, o recinto ficando vazio, mas depois da saída do último operário, ficou claro que nem todos tinham se apresentado, pois ainda havia dinheiro num dos cofres.

"Amanhã", disse Adoniram a seus assistentes, "reúnam os homens novamente para descobrirmos se estão doentes ou se foram visitados pela morte".

Assim que os assistentes de Adoniram saíram, o próprio Adoniram, zeloso e vigilante até seu último dia, pegou uma lâmpada, como de costume, para inspecionar as oficinas vazias e dos diversos lugares do templo, certificando-se de que suas ordens tinham sido cumpridas e os fogos apagados. Seus passos ecoaram tristemente pelas lajes do pavimento. Contemplando novamente seus monumentos, ele se deteve por um longo tempo diante de um grupo de querubins alados, a última obra do jovem Benoni.

"Que bela criança", suspirou.

Depois de sua peregrinação, Adoniram viu-se novamente no grande salão do templo. As densas sombras à volta de sua lâmpada desdobravam-se em volutas avermelhadas, revelando os elevados relevos nos nichos e as paredes do salão, cujas saídas eram três portas nas direções norte, oeste e leste. A porta norte era reservada para o povo, a oeste para o rei e seus guerreiros, a leste para os levitas, e ao lado desta última porta ficavam as colunas de bronze de Jachin e Boaz.

Antes de sair pela porta oeste, a mais próxima dele, Adoniram observou os recônditos sombrios do salão, e, profundamente comovido por contemplar suas inúmeras estátuas, em sua imaginação ele evocou a sombra de Tubal-Cain na escuridão. Concentrando seu olhar, tentou penetrar as trevas; o fantasma ficou mais alto mas se retraiu; chegou até o fundo do templo e desapareceu perto das paredes, como a sombra de um homem iluminado por uma tocha que se esvai lentamente. Um grito lúgubre pareceu ressoar entre os vãos. Então, Adoniram se voltou e se preparou para sair.

De repente, uma forma humana se destacou da pilastra e disse-lhe, numa voz irritada:

"Se quiser viver, dê-me a senha dos mestres".

Adoniram não portava armas. Respeitado por todos, acostumado a comandar apenas com um gesto, ele nem sequer sonhou em defender sua sagrada pessoa.

"Miserável!", exclamou, identificando o diarista, o hebreu Methuselah. "Saia agora! Você será recebi-do entre os mestres no dia em que o crime e a traição forem homenageados! Saia com seus cúmplices antes que a justiça de Soliman caia sobre suas cabeças."

Com essas palavras, Methuselah ergueu seu martelo com seus braços musculosos e abaixou-o com estrépito sobre o crânio de Adoniram. Abalado, mas ainda consciente, o artista correu para a porta norte, mas o sírio Phanor esperava por ele ali.

"Se quiser sair, diga-me a senha dos mestres."

"Faz sete anos que você não trabalha", tentou responder Adoniram.

"A senha!"

"Nunca!"

O pedreiro Phanor enfiou seu cinzel nas entranhas de Adoniram, mas não conseguiu desferir um segundo golpe, pois, inflamado pela dor, o arquiteto do templo voou como uma flecha na direção da porta leste para fugir de seus assassinos. Lá, o fenício Amrou, diarista da turma dos carpinteiros, esperava por ele, e ele também gritou, por sua vez:

"Se quiser sair, diga-me a senha dos mestres!"

"Não foi assim que eu a aprendi", murmurou Adoniram. "Peça-a à pessoa que o mandou aqui."

Tapeçaria maçônica de uma loja. Os símbolos incluem um templo maçônico, trolha e maço, colunas do templo do rei Salomão, compassos, régua T e o sol e a lua. Século XIX. Crédito da foto: Erich Lessing / Art Resource, NY. Oesterreichisches Freimaurermuseum (Museu dos Maçons), Rosenau, Áustria.

Enquanto se dirigia à porta, Amrou enfiou a ponta do seu compasso no coração de Adoniram.

Nesse momento, começou uma tempestade, anunciada por um poderoso trovão.

Estendido sobre o piso do templo, o corpo de Adoniram cobria três lajes do chão. Os três assassinos se reuniram a seus pés e uniram suas mãos.

"Este homem era grande", murmurou Phanor.

"Não vai ocupar mais lugar no túmulo do que você", disse Amrou.

"Que seu sangue caia sobre Soliman ben Daoud!", exclamou Phanor.

"Lamentemo-nos por nós", acrescentou Methuselah, "pois somos mestres do segredo do rei. Devemos destruir todas as provas deste assassinato. A chuva cai e a noite está escura como breu. Vamos, levemos rapidamente o corpo para longe da cidade e entreguemo-lo à terra".

Então, envolveram o corpo num longo avental de couro branco, e, erguendo-o sobre os braços, desceram em silêncio até as margens do Kedron, dirigindo seus passos para um ponto solitário além da rota para Betânia. Ao se aproximarem dele, perturbados como estavam e com o coração trêmulo, subitamente se viram diante de um grupo de cavaleiros. Detiveram-se apreensivos. Então, a rainha de Sabá passou pelos assassinos apavorados que levavam os restos de seu marido, Adoniram.

Quando um dos membros da comitiva se dirigiu a eles, os assassinos ficaram imóveis, mas ele só os contemplou, virou seu cavalo e reuniu-se à procissão, que rapidamente desapareceu na escuridão. Eles avançaram e cavaram uma cova na terra para esconder o cadáver do artista. Terminando seu trabalho, Methuselah arrancou uma jovem acácia da terra e replantou-a sobre o solo recém-revolvido onde a vítima fora enterrada.

Enquanto isso, com relâmpagos ainda rasgando o céu, Balkis corria pelo vale e Soliman dormia. Seu ferimento também era cruel, pois ele teve de despertar.

Quando o sol deu a volta completa em torno da terra, o efeito letárgico do filtro que ele havia bebido se foi. Atormentado por pesadelos, o rei lutou contra uma hoste de visões, e retornou ao domínio dos vivos com um violento choque.

Ele ficou em pé, atônito; seus olhos alucinados pareciam procurar pela razão de seu mestre... e aos poucos ele se lembrou. A taça vazia diante dele, e as palavras da rainha: "Obedeço, cedo, sou sua!"... mas, incapaz de vê-la, foi ficando perturbado. Um raio de luz que flutua ironicamente sobre sua testa o fez engasgar... Ele percebe tudo, lança a taça ao chão e solta um grito de fúria. Faz perguntas em vão. Ninguém a viu sair do quarto. Sua imagem, porém, desapareceu da planície, e nada ficou para trás senão os vestígios de suas tendas.

"Bem!", exclama Soliman, lançando um olhar de fúria a Zadoque, "esta é a ajuda que seu deus oferece a seus súditos? É isso que ele me prometeu? Ele me leva como um brinquedo aos espíritos do inferno, e você, ministro imbecil que reina em seu nome, ao qual devo minha impotência, você me abandonou, sem prever nada, sem prevenir nada! Quem me dará legiões aladas para vencer essa pérfida rainha? Gênios da terra e do fogo, anjos rebeldes, espíritos do ar, vocês me obedecerão?"

"Blasfêmia!", retrucou Zadoque, erguendo a voz. "Só Jeová é grande, e ele é um Deus ciumento."

Quando Soliman estava prestes a replicar, o profeta Aías, o silonita, entrou no recinto. Ascético e impressionante, parecia um puro espírito desencarnado; suas feições eram sombrias e graves, seu olhar agudo e penetrante, e seus olhos acesos pelo fogo divino. Voltando-se para Soliman, manifestou-se assim:

"E o Senhor disse-lhes: Portanto, qualquer que matar a Caim, sete vezes será castigado. E pôs o Senhor um sinal em Caim, para que o não ferisse qualquer que o achasse". E Lameque, descendente de Caim, disse às suas esposas: "Eu matei um homem por me ferir, e um jovem por me pisar. Porque sete vezes Caim será castigado; mas Lameque setenta vezes sete". Ouça agora, ó rei, as palavras que o Senhor me manda declarar: "Quem derramar o sangue de Caim e de Lameque, a vingança recairá sobre ele setecentas vezes sete!" Soliman abaixou a cabeça; lembrou-se de Adoniram e percebeu que suas ordens foram cumpridas. Coberto de remorso, ele exclamou:

"Miseráveis! O que fizeram? Eu não lhes disse para matá-lo!"

Solitário, abandonado por seu Deus, à mercê dos gênios, reprovado por Zadoque, desprezado por Aías, enganado pela rainha dos sabeus, levado ao cume do desespero, Soliman contemplou suas mãos indefesas. Vendo o talismã, foi tomado por um lampejo de esperança, pois o anel que recebera de Balkis ainda reluzia em seu dedo, provocando-o. Ele virou a pedra para o sol, e todas as aves do ar se reuniram à sua volta, menos Hud-Hud, a poupa mágica. Ele a invocou três vezes, forçando-a a obedecer, e ordenou à ave que o levasse até a rainha. A poupa levantou voo, obe-

"Quando tirarmos nosso mestre desta cova", respondeu um terceiro, "a primeira palavra que qualquer um de nós pronunciar será a senha."

diente, e Soliman, cujas mãos estavam estendidas na direção da ave, sentiu erguer-se do chão e levado pelo ar a uma velocidade incrível. Aterrorizado, virou a mão para o lado e viu-se novamente em segurança no chão. A poupa, porém, atravessou o vale e acomodou-se sobre o cume de uma colina, no frágil galho de uma acácia que estava plantada lá. E não houve invocação de Soliman que a fizesse sair do lugar.

Sentindo-se zonzo, o rei sonhou que comandava incontáveis exércitos para devastar o reino de Sabá, reduzi-lo a cinzas e, finalmente, apagar as chamas com o sangue de seus habitantes. Volta e meia, ele se trancava sozinho, amaldiçoando sua sina e conjurando legiões de espíritos. Um afrita, gênio do inferno, foi obrigado a servi-lo e a lhe fazer companhia em sua solidão. Para esquecer a rainha e distraí-lo de sua paixão fatal, Soliman fez com que levassem a ele estrangeiras capturadas em todos os cantos do mundo. Ele casou-se com elas segundo os ritos pagãos e elas, por sua vez, iniciaram-no no culto

Construindo o Templo de Salomão, ilustração da Bíblia de Rafael, Escola Italiana, século XVIII. Coleção Particular. Foto © Bonhams, Londres, GB / The Bridgeman Art Library.

idólatra a imagens. Em pouco tempo, para agradar os gênios, povoou as terras altas e ergueu, não muito longe do monte Tabor, um templo a Molech. Assim, a profecia que Tubal-Cain havia feito no reino de fogo a seu filho Adoniram foi confirmada: "Você está destinado a nos vingar, e esse templo que você está erguendo para Adonai vai causar a queda do seu servo fiel, Soliman".

Mas, como informa o Talmude, o rei dos hebreus não encontrou seu destino tão rapidamente. Quando a notícia do assassinato de Adoniram se espalhou, o povo se enfureceu e exigiu justiça. O rei mandou nove mestres à procura do túmulo de

Adoniram para constatar se ele fora mesmo assassinado.

Dezessete dias se passaram. A procura e as investigações nos arredores do templo não levaram a lugar algum, tampouco o exame do campo circunvizinho. Então, um dos mestres, esgotado pelo calor, tentou segurar-se no ramo de uma acácia para facilitar sua subida até o cume. Uma ave reluzente, de espécie desconhecida, empoleirada num dos ramos dessa árvore, saiu voando imediatamente, e o mestre ficou surpreso ao ver que o tronco todo da árvore estava na sua mão, e que ela não estava mais presa ao solo. O próprio solo, conforme percebeu, fora revirado recentemente, e ele chamou seus companheiros para unirem-se a ele. Escavando com suas mãos e unhas, os nove mestres perceberam rapidamente a forma de uma sepultura.

"Os criminosos", disse um deles, "devem ser traidores que queriam obter de Adoniram a senha dos mestres. Caso tenham conseguido, não seria prudente mudá-la?"

"E que palavra devemos adotar?", perguntou outro.

"Quando tirarmos nosso mestre desta cova", respondeu um terceiro, "a primeira palavra que qualquer um de nós pronunciar será a senha. Ela irá perpetuar a memória deste crime e reforçar o voto de vingança que faremos, nós e nossos filhos, contra os assassinos e sua mais remota posteridade".

Unindo suas mãos sobre a cova, os nove mestres fizeram o juramento e continuaram a cavar com novo vigor. Tendo identificado o cadáver, um dos mestres tocou-o de leve com os dedos, e a pele grudou em sua mão. O mesmo aconteceu quando outro mestre o tocou. O terceiro segurou o pulso da maneira como os mestres fazem para se saudar, e, como mais pele se soltasse, exclamou:

"Makbenash!" (A pele sai dos ossos!)

Todos concordaram em que, dali em diante, essa seria a senha dos mestres e o grito de luta dos vingadores de Adoniram. Além disso, pela justiça de Deus, essa palavra também serviu durante muitos séculos para levantar o povo contra a progênie dos reis.

Phanor, Amrou e Methuselah tinham fugido. Reconhecidos como falsos irmãos, porém, foram mortos por operários nas terras de Maaca, rei do país de Gath, onde haviam se escondido sob os nomes de Sterkin, Oterfut e Hoben.

Durante um bom tempo depois disso, os descendentes de Adoniram foram considerados sagrados pelas guildas de operários que juravam defender Os Filhos da Viúva, indicando com a expressão os descendentes de Adoniram e da rainha de Sabá.

Seguindo um decreto de Soliman ben Daoud, o ilustre artista foi enterrado sob o próprio altar do templo que ele ergueu. Depois, Adonai abandonou a arca dos hebreus e reduziu os sucessores de Daoud ao cativeiro.

Assim em Cima, como Embaixo

por Manly Palmer Hall

Dan Brown inicia O Símbolo Perdido *com uma citação de* The Secret Teachings of All Ages *[Ensinamentos Secretos de Todas as Eras], de Manly Palmer Hall: "Viver no mundo sem tomar consciência do significado do mundo é como vagar por uma imensa biblioteca sem tocar os livros". E ele recorre novamente a Hall no final do livro, quando Langdon e Katherine estão observando* A Apoteose de Washington, *"Se o infinito não quisesse que o homem fosse sábio, não teria lhe dado a faculdade de saber".*

Publicado originalmente em 1928 com o subtítulo An Encyclopedic Outline of Masonic, Hermetic, Qabbalistic and Rosicrucian Symbolical Philosophy *[Um Perfil Enciclopédico da Filosofia Simbólica Maçônica, Hermética, Cabalística e Rosa-cruz],* The Secret Teachings *ainda é "um clássico da literatura mundial; durante séculos, vai orientar historiadores, filósofos e leigos que procuram a sabedoria esotérica", segundo Edgar Mitchell.*

Em 1934, Hall fundou a Philosophical Research Foundation em Los Angeles, dedicada à "espiritualização das artes, ciências e ofícios, e dedicada a um propósito básico – fazer prosperar a fraternidade de todas as almas, encontrar todos os amantes da sabedoria numa mesma base". A PRS ainda existe, e seu website (www.prs.org) merece uma visita.

A história de CHiram pode muito bem representar a incorporação dos segredos divinos da arquitetura às partes e dimensões dos edifícios terrestres. Os três graus do Ofício enterram o Grão-Mestre (o Grande Arcano) na própria estrutura que ele constrói, depois de tê-lo *assassinado* com as ferramentas do construtor, reduzindo o Espírito de Beleza Cósmica, adimensional, aos limites da forma concreta. Esses ideais abstratos da arquitetura, porém, podem ser ressuscitados pelo Mestre Maçom que, meditando sobre a estrutura, liberta-se com isso dos princípios divinos de filosofia arquitetônica incorporados ou encerrados nela. Com isso, o edifício físico é, na verdade, o túmulo ou a incorporação do Ideal Criativo, do qual suas dimensões materiais são apenas a sombra.

Além disso, podemos considerar que a lenda de CHiram abriga as vicissitudes da própria filosofia. Como instituições para a disseminação da cultura ética, os Mistérios pagãos foram os arquitetos da civilização. Seu poder e sua dignidade foram personificados em CHiram Abiff – o Mestre Construtor – mas acabaram sendo vítimas daquele trio recorrente – estado, igreja e pelas multidões. Foram desprezados pelo estado, que invejava sua riqueza e seu poder; pela igreja primitiva, temerosa de sua sabedoria; e pela turba ou pelas tropas, incitadas tanto pelo estado como pela igreja. Quando CHiram é *erguido* de sua cova, ele sussurra a Palavra do Mestre Maçom que fora perdida por causa de sua morte inesperada, e, segundo os ditames da filosofia, o restabelecimento ou a ressurreição dos antigos Mistérios vai resultar na redescoberta de ensinamentos secretos, sem os quais a civilização deve continuar num estado de confusão e incerteza espirituais.

Quando a massa governa, o homem é regido pela ignorância; quando a igreja governa, ele é regido pela superstição; e quando o estado governa, ele é regido pelo medo. Antes que os homens possam viver juntos em harmonia e compreensão, a ignorância deve ser transmutada em sabedoria, a superstição numa fé iluminada, e o medo em amor. Apesar de declarações em contrário, a Maçonaria é uma religião que visa unir Deus e o homem, elevado seus iniciados ao nível de consciência no qual eles podem contemplar, com visão clara, as obras do Grande Arquiteto do Universo. De era para era, a visão de uma civilização perfeita se mantém como um ideal para a humanidade. No seio dessa civilização, deve erguer-se uma poderosa universidade, onde tanto a ciência sagrada quanto a secular, referentes aos mistérios da vida, serão ensinadas gratuitamente a todos que assumirem a vida filosófica. Nela, credo e dogma não terão lugar; o superficial será removido e apenas o essencial será preservado. O mundo será governado por suas mentes mais iluminadas, e cada um ocupará a posição para a qual estiver mais apto.

A grande universidade será dividida em graus, e a admissão a ela será feita mediante testes ou inicia-

> **Quando a massa governa, o homem é regido pela ignorância; quando a igreja governa, ele é regido pela superstição; e quando o estado governa, ele é regido pelo medo.**

ções preliminares. Nela, a humanidade será instruída no Mistério mais sagrado, mais secreto e mais longevo – o Simbolismo. Nela, o iniciado aprenderá que cada objeto visível, cada pensamento abstrato, cada reação emocional, é apenas o símbolo de um princípio eterno. Nela, a humanidade aprenderá que CHiram (a Verdade) está dentro de cada átomo do Cosmos; que cada forma é um símbolo e que cada símbolo é o túmulo de uma verdade eterna. Por meio da educação – espiritual, mental, moral e física – o homem aprenderá a libertar as verdades vivas de seus véus inertes. O governo perfeito do planeta deve ser moldado, mais cedo ou mais tarde, no governo divino segundo o qual se organiza o universo. No dia em que for restabelecida a ordem perfeita, com a paz universal e o triunfo do bem, os homens não procurarão mais a felicidade, pois a encontrarão dentro de si mesmos. Esperanças mortas, aspirações mortas, virtudes mortas se erguerão de seus túmulos, e o Espírito da Beleza e do Bem, tantas vezes assassinado por homens ignorantes, será novamente o Mestre de Obras. Então, os sábios ocuparão os assentos dos poderosos e os deuses caminharão entre os homens.

Maçonaria Simbólica

por John J. Robinson

John J. Robinson escreveu Born in Blood: The Lost Secrets of Freemasonry, Dungeon, Fire and Sword: The Knights Templar in the Crusades *e* A Pilgrim's Path.

Ao buscar respostas para a alegoria conhecida como a lenda de Hiram Abiff, foi necessário lembrar que, na Maçonaria Secreta, o Mestre Maçom era um mestre dos homens, e não um mestre de algum ofício ou arte. A maior parte da ordem maçônica tem sido formada por Companheiros, os membros plenos, e por Novatos, aqueles cuja discrição e confiabilidade ainda não são aceitáveis o suficiente para que mereçam o convite para serem membros plenos. A maioria dos Novatos só conhecia aqueles irmãos maçons que estavam em sua própria célula, ou loja. Os Mestres eram os mestres dos territórios ou de lojas, o que exigia que mantivessem comunicação uns com os outros. Essa comunicação, e mesmo a ocasional assembleia geral e secreta, teria sido absolutamente necessária para a importante questão da padronização – para haver um entendimento sobre sinais com as mãos e com os braços, sobre senhas e sobre cartilhas, com o que um irmão maçom poderia buscar ajuda e os membros poderiam se identificar mutuamente com alguma segurança. Quando se chegava a suspeitar, numa sociedade secreta, que a segurança fora prejudicada, esses sinais secretos deviam ser mudados e reuniões feitas para fazer a mudança e divulgar as senhas. Além disso, para orientar um irmão que se dirigia para outra loja, obviamente era necessário que alguém conhecesse a localização das outras lojas, pelo menos numa certa região. Assim, os Mestres eram, ao mesmo tempo, os membros mais importantes e os

> Quando estudamos a história britânica para encontrar um templo inacabado que sirva de base para uma sociedade secreta exclusivamente britânica, encontramos apenas uma resposta, na ordem religiosa que costuma ser chamada apenas por esse nome: o Templo.

mais perigosos da fraternidade. Irmãos cujos conhecidos se limitavam às suas células não podiam trair mais do que os membros dessa célula, fosse nas algemas, fosse nos instrumentos de tortura; mas um Mestre poderia ameaçar a própria existência da sociedade se revelasse o nome de outros Mestres, todos possuindo informações muito mais amplas, inclusive o nome e localização de outros Mestres. Seria esse o motivo pelo qual apenas o Mestre necessitava de um Grande Sinal de Perigo e de um apelo especial quando estivesse na escuridão ou apenas fora do alcance da ajuda: "Ó, meu Senhor e meu Deus, quem vai ajudar um Filho da Viúva?"

Cada Mestre era o "filho da viúva". Era a continuação da linha de Mestres que aparentemente fora quebrada com a morte do primeiro Grão-Mestre, Hiram Abiff. No drama de iniciação, coube-lhe o papel de Hiram Abiff, cujo manto, assim assumido, torna-se a característica central do papel do candidato na sociedade secreta. Nesse mesmo papel, ele emularia Abiff, que morreu em vez de revelar os segredos do Mestre Maçom. Nesse papel, ele frustraria os efeitos do ataque dos três assassinos que desejavam tanto esses segredos que estavam prontos para matar,

sem se importar com o fato de a morte de Hiram Abiff representar o fim da construção do templo inacabado.

A continuação da função de Grão-Mestre e de arquiteto do templo, uma espécie de imortalização de um sonho mantido vivo por aqueles que viriam depois dele, foi simbolizada pelo ramo de acácia, um símbolo da imortalidade muito mais antigo do que o cristianismo. Para os povos antigos, o clima e as reações das colheitas determinavam a vida e a morte, o bem-estar ou a fome durante o ano vindouro. As mudanças nas estações, o excesso ou a escassez de chuvas, e geadas que liquidavam a colheita, eram muito mais compreensíveis e mais fáceis de lidar nos cultos religiosos do que mistérios absolutos como fungos, mofo e doenças animais, geralmente atribuídas a feitiços ou maus-olhados. Sem alimentos frescos à disposição e sem meios de preservar os alimentos armazenados, a mais temível estação era o inverno, quando os dias ficavam mais curtos e o Poder das Trevas ganhavam terreno com a perda do Poder da Luz. Como que para maximizar sua sina, todos os arbustos, árvores e plantas feneciam. Todas, menos as sempre-vivas. Elas ficavam brilhantes e verdes, e por isso deviam ser ocupadas por um espírito mais forte que o Poder das Trevas, preservando a vida até o sol conseguir sua inevitável vitória, mesmo que temporária. Esse espírito forte ajudava a cobrir a lacuna entre o outono e a primavera, preservando o fio da vida. Em algumas áreas, a sempre-viva era cortada a fim de se levar o bom espírito para casa, onde os ramos eram adornados com presentes, uma tradição da antiga religião natural que ainda preservamos na época do Natal. Assim, a sempre-viva tornou-se um símbolo de imortalidade, e uma dessas sempre-vivas era a acácia.

A acácia foi escolhida como símbolo da "imortalidade" de Hiram Abiff por motivos bastante específicos. Foi com a madeira da acácia que Deus mandou fazer a Arca da Aliança, a arca que ficaria alojada no Sanctum Sanctorum do templo de Salomão, onde o Grão-Mestre fez seus planos para o trabalho do dia seguinte. A acácia também era hospedeira de um tipo especial de visco com uma flor

Quinhentos anos após a eliminação dos Templários, os papas ainda condenavam a Maçonaria por acolher membros de todas as crenças religiosas e por não aceitarem o catolicismo romano como a única igreja verdadeira.

de cor vermelho vivo. Não somente esse visco – que não apenas ficava verde, mas dava frutos no inverno – era um símbolo poderoso da imortalidade, como muitos acreditavam que a acácia, coberta por um manto de flores ígneas de visco, seria a "sarça ardente" do Antigo Testamento. Além disso, a acácia egípcia tem flores vermelhas e brancas, lembrando as cores dos Templários, um manto branco com uma cruz vermelha.

A imortalidade de Hiram Abiff não está na existência eterna de sua alma em algum reino celeste, mas na mente e corpo dos Mestres que vieram depois dele, homens encarregados de tomar seu lugar e de concluir aquilo que o mítico Grão-Mestre começou. Seu dever seria fazer os planos e orientar os "operários", os aprendizes e companheiros de ofício, na realização da meta de Abiff, a conclusão do Templo de Salomão.

Tudo isso tem uma ligação muito vaga com o relato bíblico. De acordo com as escrituras, Hiram não era um arquiteto, mas um mestre no trabalho com latão e bronze. Ele não foi assassinado; viveu para ver o templo acabado e voltou para sua casa. As pistas para a origem e o propósito da Maçonaria não estão nas escrituras, mas na lenda alegórica.

Quando estudamos a história britânica para encontrar um templo inacabado que sirva de base para uma sociedade secreta exclusivamente britânica, encontramos apenas uma resposta, na ordem religiosa que costuma ser chamada apenas por esse nome: o Templo. Jacques de Molay e seus predecessores assinaram documentos com o título *Magister Templi*, "Mestre do Templo". E *esse* templo, que tirou o nome do Templo de Salomão, certamente ficou inacabado com o assassinato de seus mestres, que também foram torturados para revelar seus segredos por três assassinos, que, em última análise, destruíram-nos. Não foram Jubela, Jubelo e Jubelum, mas Filipe o Belo da França, o papa Clemente V e a ordem dos Cavaleiros Hospitalares de S. João de Jerusalém. Muitos que leram apenas os resumos da Igreja Católica

> **A lenda de Hiram Abiff diz que não foi por coincidência que duas organizações encontraram sua identificação central no Templo de Salomão, pois um grupo deu origem ao outro.**

sobre a eliminação dos Templários podem objetar, dizendo que só o rei da França deveria ser considerado o "assassino" dos Cavaleiros Templários, tendo feito todo o trabalho sujo e impelindo um papa fraco a ajudá-lo. É verdade, até hoje essa é a versão da igreja, mas os fatos históricos dizem outra coisa...

Quando Eduardo II da Inglaterra recusou-se a torturar os Templários, o papa poderia ter deixado o problema nas mãos do sogro de Eduardo, o rei da França: ninguém forçou Clemente V a enviar dez eclesiásticos especialistas em tortura para Londres. O papa poderia ter vivido com o perdão dos Templários de Chipre: ninguém o forçou a exigir um novo julgamento, ou a enviar uma equipe de torturadores com poderes para convocar os dominicanos e franciscanos da região caso precisassem de ajuda.

Tampouco o rei da França conseguiu que um membro de sua família fosse chefe de uma ordem combinando os Hospitalares com os Templários, com pleno acesso à fortuna combinada de ambas. E se

Clemente V foi apenas um frágil fantoche nas mãos de Filipe, como os historiadores da igreja querem nos fazer crer, os reis da França teriam sido os novos proprietários das propriedades dos Templários na França, e não os Hospitalares. O papa foi muito mais duro, ou, no mínimo, muito mais obstinado, do que nos levaram a acreditar, e aparentemente teve seus próprios planos em associação com os Hospitalares.

Essa ordem conseguiu escapar de qualquer crítica na questão da eliminação dos Templários, mas aparentemente isso só aconteceu porque ela se manteve discreta o tempo todo, provavelmente por um ótimo motivo: seu papel e suas recompensas teriam sido planejadas com antecedência. Sabe-se que o papado era favorável a uma união entre os Templários e os Hospitalares, e que já teria determinado que Foulques de Villaret, mestre dos Hospitalares, seria o Grão-Mestre das ordens combinadas. Os Templários, com sede em Chipre, ouviram falar na séria intenção de unir as ordens e tiveram tempo de preparar um manifesto por escrito. Os Hospitalares, cuja sede ficava na mesma ilha, devem ter recebido a mesma informação, mas não prepararam nenhum manifesto, quer verbal, quer por es-

crito. Na verdade, de Villaret conseguiu manter-se longe do encontro na França, sem registro de qualquer crítica papal por sua ausência. Sem dúvida, sua presença não era necessária, e não havia motivo para correr o risco de um confronto entre as duas ordens, especialmente porque o papa já estava dedicado a cuidar dos interesses dos Hospitalares. Não só estes não se opuseram à ideia da fusão, como tampouco tentaram defender seus irmãos monges-guerreiros enquanto eram presos e torturados. Pura e simplesmente, ficaram de fora e aguardaram, até Clemente V, para desgosto do rei Filipe, declarar que todas as propriedades confiscadas aos Templários iriam para os Cavaleiros Hospitalares, e que todos os Templários soltos seriam levados à ordem Hospitalar, realizando *de facto* a união que sempre planejou, com a plena aprovação e cooperação dos Hospitalares. Se alguém quiser um motivo, basta lembrar que a ordem Hospitalar foi a maior beneficiária com a eliminação dos Templários, algo que provavelmente fora planejado desde o início. Juntos, o papa e os Hospitalares prejudicaram as metas de Filipe da França, e não deve haver dúvidas de que os Hospitalares são um dos três assassinos da Ordem do Templo.

Um ponto interessante sobre a lenda de Hiram Abiff é que nela, os três assassinos já tinham sido punidos, tendo sido "levados ao Jubé (tribunal)". É claro que houve guerras com a França antes e depois da eliminação dos Templários, e é cada vez mais provável que os castigos aplicados aos Hospitalares durante a Rebelião Camponesa, inclusive o assassinato de seu prior, tenham sido atos de vingança realizados sob a aparência de revolta política. Quanto à punição da Santa Sé, o movimento clandestino inspirado pelos Templários foi, provavelmente, o mais eficiente inimigo que a igreja teve na Inglaterra antes, durante e depois da Reforma. Mais de quinhentos anos depois da eliminação dos Templários, os papas ainda condenavam a Maçonaria por acolher membros de todas as crenças religiosas e por não aceitarem o catolicismo romano como a única igreja verdadeira. Na Maçonaria Secreta, dissidentes religiosos encontravam uma organização que os ajudava, ocultava e proporcionava contato com pessoas de pensamento similar, e, com o passar dos anos, conflitos entre papas e reis, entre papas e o povo e entre papas e seus próprios sacerdotes proporcionaram um rio de recrutas para uma sociedade secreta que lhes permitia glorificar

Deus à sua maneira. Os três assassinos da Ordem do Templo tinham motivos para se arrepender de suas ações contra os cavaleiros barbudos.

Um grande mistério na lenda de Hiram Abiff é a identidade "daquele que foi perdido". Alguns historiadores da Maçonaria dizem que a alegoria deve ser considerada literalmente – quase sempre, um erro – e afirmam que o que foi perdido teria sido a "palavra" do Grão-Mestre, ou os "segredos" do Mestre. O que os Templários perderam, literalmente, foi sua riqueza, seu respeito e poder. A alegoria sugere que o arquiteto é que teria sido perdido, o planejador necessário para terminar a construção do templo e dar o exemplo da liderança para que todos possam progredir. O homem que recebe a iniciação como Mestre e encena o assassinato está sendo transformado em outro Hiram. Todo Mestre assume esse papel e se torna Hiram (um nome pelo qual os maçons às vezes se chamam). Ele é o "filho da viúva", e *sua* tarefa consiste em substituir o que se perdeu: a liderança, a orientação, o trabalho necessário para "terminar" a construção (da Ordem) do Templo, brutalmente interrompida por agressões e assassinato. Agora, evidentemente, essa liderança, essa elevação do papel de um dos líderes supremos da sociedade, mudou. Todo maçom tem a oportunidade de se tornar um Mestre, e o iniciado por vezes pode se sentir confuso, porque aquele que para ele parece ser apenas outro degrau em sua escalada de progresso na Maçonaria coloca muita ênfase nos meios de buscar e de oferecer ajuda, e na necessidade de guardar os segredos do seu irmão Mestre Maçom.

Em suma, a lenda de Hiram Abiff diz que não foi por coincidência que duas organizações encontraram sua identificação central no Templo de Salomão, pois um grupo deu origem ao outro. Ela explica o propósito do grupo sucessor, os maçons, narrando, de forma alegórica, o destino do grupo anterior, a Ordem do Templo. O templo foi deixado inacabado por causa do assassinato do Grão-Mestre. O homem sendo apresentado em sua iniciação a essa lenda toma o papel do Grão-Mestre e então assume sua tarefa, a finalização do Templo. Nesse sentido, o maçom não é nem um maçom "operativo", com ferramentas nas mãos, nem um maçom "especulativo" que se associa a uma guilda de maçons como membro que não trabalha. Na verdade, ele é um

> **O simbolismo nascido da alegoria foi aceito como um fato.**

maçom *simbólico*, cuja tarefa de construção não está ligada a nenhuma edificação real, tratando apenas da sobrevivência e do crescimento do templo simbólico, a Ordem dos Pobres Cavaleiros de Cristo e do Templo de Salomão: os Cavaleiros Templários.

Como a verdadeira origem da Maçonaria foi obscurecida pelo tempo e depois perdida, os maçons ficaram apenas com a alegoria, criando um mundo de fantasia ao aceitar a alegoria como factual. Um autor maçom se espantou pelo fato de a Maçonaria ter preservado por mais de 2 mil anos esses detalhes da construção do Templo de Salomão que tinham escapado aos autores do Antigo Testamento. A lenda de Hiram Abiff não era ensinada como lenda, mas como a recitação de um fato histórico.

Além de aceitar Hiram Abiff como uma pessoa real, a Maçonaria ensinou, durante gerações, que a ordem fora fundada por trabalhadores que construíram o Templo de Salomão. Essa construção tornou-se um ponto focal de reverência e de respeito por parte dos maçons. Representações artísticas do Templo de Salomão adornaram as paredes de templos maçônicos, e alguns maçons fizeram peregrinações ao local dessa construção. Alguns conseguiram levar para suas lojas um pedaço de pedra do Monte do Templo ou de pedreiras próximas, relíquias exibidas com orgulho, com toda a aura das relíquias religiosas. Até hoje, muito depois de a Maçonaria ter alterado sua suposta origem, passando da construção do templo para as guildas medievais de pedreiros, há maçons firmemente convencidos de que sua ordem começou com a construção desse templo.

Por fim, mentes mais sóbrias prevaleceram, e a Maçonaria admitiu que a história de Hiram Abiff não era um fato, mas uma parte importante da mitologia maçônica. Sua aceitação como fato fizera com que toda a fraternidade se inclinasse na direção da construção e levou-a a identificar cada ferramenta comum de pedreiro como um símbolo maçônico, a identificar o Ser Supremo como o Grande Arquiteto do Universo, a ensinar que maçons teriam construído as grandes catedrais góticas, e a incluir detalhes arquitetônicos e de construção civil nos rituais maçônicos.

Mesmo depois de a história de Hiram Abiff ter sido aceita como lenda, e não como fato, todo o simbolismo relacionado com construções, gerado pela aceitação literal da história, foi mantido, e esse simbolismo serve para confundir as origens e propósitos, pois está imbuído de uma realidade e de uma antiguidade que não tem. Na ausência de registros escritos, séculos de tempo cumpriram o inevitável papel de obscurecer inícios e propósitos, e o afã de adotar a construção civil criou um tapume, e poucos se preocuparam em olhar o que haveria atrás dele. O simbolismo nascido da alegoria foi aceito como um fato.

O mistério é simplesmente o seguinte: Se a história de Hiram Abiff e o papel da Maçonaria na construção do Templo de Salomão são aceitos como mitos, como foi que esse templo se tornou vital para os rituais e lendas da Maçonaria? É claro que os pedreiros medievais não são a resposta para essa pergunta, e, com a saída da teoria das guildas medievais, não parece haver solução para esse mistério... exceto uma. O templo que é tão homenageado e reverenciado pela Maçonaria não é uma edificação, mas a única outra ordem que já chegou a se identificar com essa edificação: os Cavaleiros do Templo.

O Viajante

por John J. Robinson

O principal propósito deste discurso é chamar a atenção para uma área de pesquisa muito pouco tratada pelos estudiosos da Maçonaria: as evidências encontradas nos trabalhos de artistas da Idade Média. Tendo em vista que existiu mesmo uma sociedade secreta na Inglaterra medieval, seria muito mais simples para um artista ocultar seu simbolismo e alegorias numa pintura do que para um cronista tentar escondê-los em seus textos.

A pintura reproduzida [aqui] é um exemplo notável dessas possibilidades. Trata-se de *O Viajante*, quadro do artista flamengo Hieronymus Bosch. Quem está familiarizado com a obra de Bosch espera representações explícitas de uma grande variedade de horrendos e distorcidos demônios. *O Viajante* é diferente, pois não retrata demônios ou monstros, embora esteja repleto de simbolismo, do qual boa parte é de natureza maçônica.

Dê uma boa olhada na pintura. O viajante tem a perna esquerda das calças puxada até o joelho. Poderíamos dizer que a perna da calça foi dobrada para acomodar um curativo, mas nenhum ferimento na perna obriga alguém a usar um chinelo num pé e um calçado no outro.

As alças da mochila do viajante não passam sobre os ombros, onde deveriam estar. Bosch posiciona as alças sobre os braços, prendendo-os como uma corda maçônica. A pena que deveria estar em seu chapéu, não está. O que encontramos é um fio a prumo, outro símbolo maçônico.

Por que o homem está com seu chapéu na mão, e não na cabeça, como seria mais conveniente? Bosch talvez tenha desejado que seu capuz estivesse pronto para ser puxado sobre seu rosto para "encapuzá-lo", uma palavra que sugere que seria esse o modo pelo qual um homem era vendado nas antigas iniciações maçônicas. Era uma prática comum na época, e foi incorporada à linguagem das gerações futuras por meio da expressão "puxar a lã sobre os olhos".

À frente do viajante, há uma porteira com uma curiosa estrutura. Quem entende um pouco de porteiras de madeira de fazendas sabe que a viga vai de um canto a outro que lhe é diagonalmente oposto, criando triângulos inamovíveis. A viga da porteira representada por Bosch ergue-se acima da parte superior e depois desce até o canto. O que temos é o esquadro de um artífice em cima da porteira.

Agora, observemos a pintura como um todo. O viajante está indo da esquerda para a direita, ou do oeste para o leste, deixando para trás um mundo tosco, rude. Uma empregada observa à porta de uma taberna decrépita, segurando uma jarra, enquanto um freguês a beija, apalpando seu seio com uma das mãos. Num canto da taberna, um homem urina na parede. No quintal, porcos se alimentam num cocho, e um cão feroz com uma coleira pontiaguda se agacha, sem saber se vai atacar ou não.

Com mais alguns passos, o viajante passará pela porteira do esquadro e entrará numa terra de paz e fartura, simbolizada pela plácida vaca leiteira. Na árvore acima da sua cabeça, empoleira-se uma coruja, símbolo medieval de sabedoria.

A pergunta final é sobre a motivação. Para conhecer os símbolos maçônicos antes de 1717 (se é que existiam nessa época), Bosch deve-

O Filho Pródigo. Hieronymus Bosch (ca. 1450-1516). *Foto: Kavaler / Art Resource, NY, Museum Boymans van Beuningen, Roterdã, Holanda.*

ria ter sido iniciado na Maçonaria. Seria possível que o artista tivesse se sentido atraído por uma sociedade secreta, e convidado a fazer parte dela, uma sociedade dedicada a proteger dissidentes religiosos da ira da Igreja? É bem possível. Sabe-se que Bosch foi um membro de uma fraternidade religiosa mal vista pela Igreja. Seus retratos cínicos de freiras e monges bêbados e abraçados indicam um homem com raiva da Igreja, especialmente por seu trabalho ter sido condenado diversas vezes como herético.

Naturalmente, é possível que os símbolos maçônicos dessa pintura sejam simples coincidências. Se for este o caso, então trata-se da mais incrível série de coincidências maçônicas que poderíamos encontrar numa única obra. Se, porém, os símbolos não estiverem lá por coincidência, então essa pintura, com uns quinhentos anos de idade, no final do século XV, representa a primeira evidência explícita da existência de um simbolismo maçônico.

Os Cavaleiros Templários e o Segredo do Pergaminho

por John White

John White é autor de trabalhos nas áreas de pesquisa sobre a consciência e o desenvolvimento humano superior. Já publicou quinze livros, inclusive The Meeting of Science and Spirit *e* What Is Enlightenment? *Ele é maçom do 32º Grau do Rito Escocês e Cavaleiro Templário do Rito de York. Mora em Cheshire, Connecticut.*

O novo livro de Dan Brown, *O Símbolo Perdido*, mostra que a Maçonaria teve um papel fundamental na criação dos Estados Unidos. O símbolo "perdido" ou o segredo supremo da Maçonaria é usado por Brown num romance de ritmo acelerado, que, ao longo do caminho, fornece ótimas informações sobre a tradição maçônica e seu papel na formação dessa nação. (Digo isso como maçom.) Imagens relacionadas com a luz são centrais no enredo, e, durante as iniciações maçônicas, a resposta que o candidato dá à pergunta: "O que você mais deseja, acima de tudo?" é "Mais luz". Dito em termos simples, luz significa conhecimento, ou, mais adequadamente, sabedoria. O pro-

pósito da Maçonaria é "melhorar os seres humanos", transmitindo ensinamentos éticos e conhecimentos esotéricos que, se compreendidos profundamente, transmitem sabedoria. A tradição da Maçonaria fala da "Palavra Perdida", que seu lendário fundador, Hiram Abiff, levou para o túmulo quando estava construindo o Templo de Salomão em Jerusalém, por volta de 1000 a.C. Há algum conhecimento secreto na Maçonaria que teria sido "perdido" ou ficado "invisível" para a ordem? Diversos autores maçônicos dizem que seria exatamente esse o caso. A Maçonaria, segundo dizem, perdeu o contato com a sabedoria mais profunda de sua tradição. Alguns de seus rituais parecem referir-se indiretamente a esse conhecimento original, mas perdido. Por exemplo, na obra "Royal Arch Masonry",[1] de W. L. Tucker, lemos:

> Falam-nos do retorno dos viajantes [judeus exilados na Babilônia] que quiseram ajudar na reconstrução do Templo, e falam-nos do Túmulo. Isso é pura história. Depois do

candidato ser baixado ao Túmulo [na moderna cerimônia do Rito Escocês que reencena a história], ele tateia à sua volta até encontrar algo parecido com um rolo de pergaminho, parte da Lei Sagrada, há muito perdida. Na verdade, o que ele encontrou foi um modo de voltar a uma forma de vida baseada em princípios bíblicos, simbolizados pelo pergaminho que ele encontrou.

Na última década, um número crescente de estudiosos e historiadores maçons têm discutido um tema que pode estar diretamente ligado à declaração de Tucker que vimos acima. Em síntese: Há evidências sugerindo que uma sala secreta sob o piso da Capela Rosslyn, próxima a Edimburgo, Escócia, pode conter alguns rolos de documentos há muito perdidos, antes pertencentes aos Cavaleiros Templários. (A planta baixa da Capela Rosslyn reproduz uma parte do Templo de Salomão; supostamente, o Castelo Rosslyn e seus arredores, sob o domínio do Conde de Sinclair, teria sido a sede dos Cavaleiros Templários depois que estes escaparam da França em 1307, quando o rei Filipe IV procurou eli-

minar cruelmente os Templários.) De acordo com essa nova visão da Ordem do Templo, ou da Ordem Templária, esses rolos, supostamente de cobre, foram obtidos pelos primeiros Templários no século XII, quando o rei de Jerusalém permitiu que eles instalassem sua sede no Templo de Salomão. Trabalhando furtivamente para escavar uma sala secreta sob o Templo, eles encontraram um grande tesouro, que eles sabiam que estaria lá; aparentemente, essa teria sido a verdadeira razão para a presença deles em Jerusalém. Parte do tesouro pode ter sido constituída por ouro e joias; isso ajudaria a explicar a meteórica ascensão da fortuna dos Templários. Mas o maior tesouro teriam sido os rolos contendo antigos conhecimentos esotéricos sobre o segredo de Jesus e a Bíblia.

Que conhecimento secreto seria esse? Numa palavra: iluminação. Não estou falando da mera transformação psicológica da mente, mas da transformação psicofísica, ou transubstanciação da carne, do sangue e dos ossos num corpo de luz – exatamente o corpo ressuscitado com que Jesus Cristo demonstrou a vitória sobre a morte. É esse o "modo de voltar a uma forma de vida baseada em princípios bíblicos" mencionado antes por Tucker. Isso se encaixa bem na "redescoberta da Palavra perdida do Mestre nos escombros do templo de Salomão", um comentário de C. Berry numa carta de 2001 ao editor de *Royal Arch Mason*.[2]

Com base nesse raciocínio, em pesquisas e em experiências pessoais, concluí que o verdadeiro segredo do Egito faraônico, do qual se supõe que derivaria boa parte da Maçonaria, é a obtenção do corpo de luz. Esse, suponho, seria o mais elevado ensinamento conferido aos iniciados na Câmara do Rei da Grande Pirâmide. Além disso, creio que o conhecimento esotérico foi levado do Egito ao judaísmo por Moisés, sendo mais tarde registrado nos rolos de cobre presumivelmente escondidos sob o Templo de Jerusalém. (Moisés, hebreu, foi adotado ainda bebê pela filha do faraó, e foi criado na realeza, motivo pelo qual teria aprendido as práticas espirituais do Egito.) Assim, se os Templários recuperaram mesmo esses ensinamentos ocultos, eles seriam o maior tesouro do mundo, bem maior do que ouro e joias. Seria o segredo da imortalidade, e aquilo que a Maçonaria chama de "a loja no alto que não é construída por mãos humanas". Não consigo deixar de me perguntar se esses documentos estariam agora sob o piso da Capela Rosslyn, como indica o recente livro

The Hiram Key. Se esta especulação estiver correta, o maior e mais valioso item do tesouro Templário seria um Codex da Iluminação.

Há outro aspecto da história recém-surgida sobre os Cavaleiros Templários que também me intriga. É a possibilidade de que os Estados Unidos sejam o resultado de uma experiência maçônica destinada a criar a Nova Israel ou a Terra Prometida no Novo Mundo – não uma nação judaica, mas uma sociedade universalmente moral e centrada em Deus, como Israel deveria ser chamada por Jesus e, antes, pelos profetas. Eis meu raciocínio a respeito, o qual, confesso, é bastante especulativo.

Diversos livros recentes sobre os Cavaleiros Templários e o Santo Graal indicam que o reino africano de Mali deve receber o crédito por dois fatos importantíssimos, com profundo efeito sobre a história euro-americana. Segundo Michael Bradley em seu livro de 1988 *Holy Grail Across the Atlantic*, e, baseado nele, o livro de William F. Mann *The Labyrinth of the Grail*, de 1999, por volta do século XIV, o imperador do Mali enviou navios para o Novo Mundo, e outros africanos já haviam feito a travessia muito antes disso. Estátuas de pedra da América Central com homens com feições ne-

Queimando o Grão-Mestre dos Templários, 1314 (ca. 1375-1400). Jacques de Molay, último grão-mestre dos Cavaleiros Templários, é queimado na fogueira com Geoffroi de Charney, preceptor da Normandia. De "Chroniques de France ou de St. Denis". *British Library, Londres, Grã-Bretanha. HIP / Art Resource, NY.*

groides são testemunhas mudas dessa extraordinária realização. Uma viagem transatlântica não poderia ter sido feita sem o desenvolvimento de um método para se medir a longitude. Isso significa que os africanos resolveram o problema de se determinar a longitude no mar muito antes de os europeus conseguirem fazê-lo. Mas esse conhecimento se perdeu, e, aparentemente, não teve influência sobre a solução desenvolvida pelos europeus no século XVIII.

Por que ele se perdeu e por que a cultura marítima do Mali arrefeceu são temas a se pesquisar. A tese Bradley-Mann alega que o conhecimento da medição da longitude foi passado do Mali para a cultura árabe, e depois para os Templários, cujas interações com os muçulmanos árabes do Oriente Médio eram, volta e meia, amistosas. Os Cavaleiros Templários mantiveram esse conhecimento em segredo, usando-o para suas próprias finalidades.

Essas finalidades podem ter incluído viagens ao Novo Mundo um século ou mais antes de Colombo, graças ao príncipe Henry Sinclair da Escócia e Orkney. Em 1398, ele enviou uma expedição com três navios que chegou à Nova Escócia e à Costa Leste dos Estados Unidos, onde os restos de um cavaleiro escocês enterrado em Westford, Massachusetts, e a chamada Torre Viking em Newport, Rhode Island, indicam a presença da expedição Sinclair. Em Westford, vê-se um cavaleiro inscrito numa pedra, onde teria sido encontrada uma antiga espada quebrada. O escudo do cavaleiro tem o brasão do clã Gunn, que eram súditos de Sinclair. A geometria interna da Torre Viking, segundo os pesquisadores, reflete o desenho templário e a Escócia do século XIV, e não a arquitetura viking.

Os antepassados de Sinclair tinham concedido refúgio na Escócia a Cavaleiros Templários que escaparam da França quando o rei Filipe desmantelou a Ordem do Templo em 1307 e queimou seu Grão-Mestre,

> **Por causa de sua experiência com a corrupção política do Velho Mundo, aparentemente os Templários conceberam um plano secreto para a criação de uma nova sociedade, uma sociedade melhor, na selvagem América do Norte.**

Jacques de Molay, na fogueira. A frota de navios de Templários fugitivos saiu de La Rochelle, na França, e navegou pela Irlanda até chegar à Escócia. Esses Cavaleiros Templários fizeram do Castelo Rosslyn, lar ancestral dos Sinclairs, seu centro de operações. A Capela Rosslyn começou a ser construída em meados do século XIV e foi concluída antes do final desse século. Ela contém entalhes mostrando maiz (milho índio) e babosa, plantas nativas do Novo Mundo. (Ver também *The Lost Treasure of the Knights Templar*, de Steven Sora.)

Como os construtores da Capela Rosslyn conheciam plantas do Novo Mundo um século antes que Colombo descobrisse a América? Como mencionei antes, o contato entre os Templários e a cultura Mali-árabe durante as Cruzadas levou a isso.

Por causa de sua experiência com a corrupção política do Velho Mundo, aparentemente os Templários conceberam um plano secreto para a criação de uma nova sociedade, uma sociedade melhor, na selvagem América do Norte. Esse plano tornou-se a base da Maçonaria e de sua influência sobre a fundação da América. Francis Bacon, uma força importante na criação da Royal Society para pesquisas científicas, estava ligado aos resquícios dos Templários. Ele também escreveu *Nova Atlântida* sobre uma terra mítica a oeste, e o relato que faz dessa terra mostra notáveis paralelos com desdobramentos históricos posteriores no Novo Mundo, como se seu livro fosse uma espécie de projeto secreto para atividades maçônicas no vasto e desbravado continente.

Durante vários séculos, segundo essa nova visão, a ordem templária foi se transformando na Maçonaria, e, na época da Revolução Americana, muitos dos Fundadores da América do Norte – os que lutaram pela nação, os que assinaram a Declaração de Independência e os que criaram a Constituição – eram maçons. Entre eles, estavam George Washington, Benjamin Franklin, John Adams, John Hancock, Paul Revere, John Paul Jones, e muitos outros.

Talvez, apenas talvez, haja uma história secreta dos Estados Unidos, tal como foi alegado por Manly Palmer Hall em *America's Secret Destiny* e por outros que afirmam que existe uma base oculta ou esotérica dos Estados Unidos. Talvez, os Estados Unidos sejam, em parte, um esforço templário e maçônico para conseguir o progresso da sociedade humana com base em conhecimentos e atividades secretas, tal como alegam as fábulas sobre os Illuminati. (Note que estou me referindo aos verdadeiros Illuminati, mais conhecidos como Mestres Ascensionados, cujo estado natural é o corpo de ressurreição ou corpo de luz, e que constituem a "loja no alto que não é construída por mãos humanas". A conspiração dos Illuminati iniciada em 1776 por Adam Weishaupt na Bavária foi um uso falso e corrupto da expressão, o que foi, com razão, denunciado por maçons sinceros.)

Para mim, as coisas não estão nem um pouco claras e certas, mas, se existe alguma coisa sagrada sobre os Estados Unidos, é a ideia de que Deus é o autor de nossa existência e a fonte de nossa liberdade, nossa soberania, nossos direitos, nossa justiça e nossa dignidade humana. Essas são ideias bem maçônicas, injetadas nas instituições sociopolíticas dos EUA por esses grandes maçons que participaram da criação do país. Foi simples acaso, ou a mão oculta de Deus teria orientado nossa existência através dos séculos, operando por meios quase invisíveis, que levam os símbolos e a substância da Maçonaria?

ENCONTRANDO OS SÍMBOLOS PERDIDOS NA CIDADE DE WASHINGTON

Acima, o domo do Capitólio. À direita, vista de *A Apoteose de Washington* dentro do domo.

O Capitólio

O Capitólio, tal como se parecia em 1800 para o artista William Russell Birch.

Depois que George Washington assentou a pedra angular do Capitólio, em 18 de setembro de 1793, os trabalhos foram lentos. Um dos arquitetos mudou o projeto sem autorização, o que causou sua demissão. O supervisor da obra a abandonou em 1798. Só a ala do Senado estava quase concluída quando o Senado, a Câmara dos Deputados, a Corte Suprema, os tribunais distritais e a Biblioteca do Congresso se mudaram para o edifício em novembro de 1800.

Em 1803, Benjamin Henry Latrobe tornou-se supervisor da construção, e tentou convencer o presidente Jefferson a aprovar mudanças significativas, criticando tanto o projeto original do Capitólio quanto sua execução. Latrobe foi compelido a continuar a trabalhar com o projeto estabelecido, e a cena imaginada em sua aquarela de 1806, *Perspective from the Northeast*, nunca se concretizou.

O Capitólio ainda não tinha um domo quando Washington foi atacada pelos ingleses na Guerra de 1812. O prédio foi incendiado e bastante danificado.

Latrobe foi nomeado Arquiteto do Capitólio em 1815 e recebeu a oportunidade de reconstruí-lo. Agora, ele podia usar seu próprio projeto, que foi apresentado em 1817.

Charles Bulfinch tornou-se Arquiteto do Capitólio em 1818 e deu continuidade a muitas das ideias de Latrobe. Em 1829, muito do edifício estava pronto. Bulfinch foi o projetista do domo de cobre verde, emoldurado em madeira, visto nesta gravura de E. Sasche & Co. de 1852.

Perspective from the Northeast

Além disso, nessa gravura, veem-se as extensões das alas do Senado e da Câmara construídas na década de 1850 por Thomas Walter. O edifício parecia implorar por um domo mais alto. A construção de um novo domo de ferro fundido projetado por Walter começou em 1855 e a obra ainda estava em andamento durante a posse de Abraham Lincoln em 1861.

O Capitólio dos EUA após ter sido incendiado pelos ingleses em 24 de agosto de 1814. Aquarela de George Munger.

Quando Constantino Brumidi deu os retoques finais em seu afresco *A Apoteose de Washington* em 1866, o domo que conhecemos hoje já tinha sido concluído.

A posse do primeiro mandato de Lincoln, 4 de março de 1861.

Apoteose de Washington

A Apoteose de Washington, pintada no centro da Rotunda do Capitólio dos EUA, foi obra de Constantino Brumidi em 1865, na autêntica técnica de afresco. Brumidi (1805-1880) nasceu e estudou em Roma, e trabalhou em palácios do Vaticano e de Roma antes de imigrar para os Estados Unidos, em 1852. Mestre na criação de formas e de figuras tridimensionais em paredes planas, Brumidi pintou afrescos e murais no Capitólio desde 1855 até sua morte. O afresco do teto, sua obra mais ambiciosa no Capitólio, foi pintada no final da Guerra Civil, pouco depois da conclusão do novo domo. Suspenso a 55 metros de altura, cobre uma área de 433 m². As figuras, com até 5 metros de altura, foram pintadas para serem compreendidas de perto ou a 55 metros de distância. Algumas das figuras e grupos foram inspirados por imagens clássicas e da Renascença, especialmente pelo mestre italiano Rafael.

No grupo central do afresco, Brumidi retratou George Washington alçando-se glorioso ao céu, ladeado por figuras femininas representando a Liberdade e a Vitória ou Fama. Um arco-íris se estende a seus pés, e treze moças, simbolizando os estados originais, emolduram as três figuras centrais. (A palavra *apoteose* significa a elevação de uma pessoa ao nível de um deus, ou a glorificação de uma pessoa como um ideal.)

Seis grupos de figuras ocupam o perímetro da cúpula; a lista a seguir começa sob o grupo central e prossegue no sentido horário:

Apoteose de Washington

- **A Guerra**, com a Liberdade Armada e a águia derrotando a Tirania e o Poder Real
- **A Ciência**, com Minerva ensinando Benjamin Franklin, Robert Fulton e Samuel F. B. Morse
- **A Marinha**, com Netuno segurando seu tridente e Vênus segurando o cabo transatlântico que foi instalado na época em que o afresco foi pintado
- **O Comércio**, com Mercúrio segurando uma sacola de dinheiro para Robert Morris, financiador da Revolução Americana
- **A Mecânica**, com Vulcano na bigorna e na forja, produzindo um canhão e um motor a vapor
- **A Agricultura**, com Ceres sentada na colheitadeira McCormick, acompanhada pela América com uma touca vermelha da liberdade e Flora colhendo flores

A estátua de Washington feita por Horatio Greenough, inspirada numa representação de Zeus da antiga Grécia, deveria ficar na rotunda original do Capitólio e chegou lá em 1841. Com Washington vestido com uma espécie de toga, provocou controvérsia e foi ridicularizada, e em pouco tempo passou ao jardim do lado leste do edifício do Capitólio.

Em dado ponto, a estátua parecia saudar a conclusão do novo domo.

A divinização de Washington começou logo após sua morte, que abalou muito a nação.

Sua imagem era vista por toda parte. Alunos primários aprendiam a admirar seu caráter. Situado muito acima dos outros Fundadores, Washington estava acima de qualquer crítica.

E, ao que parece, teve um papel importante para a multidão na posse de Rutherford B. Hayes em 1877.

O destino da estátua de Greenough é um contraponto no tratamento reverencial à memória de Washington que costuma ser dado pelo povo norte-americano. Hoje, a estátua ocupa um pequeno salão no segundo andar do Museu Nacional de História Americana.

O Salão Nacional de Estátuas

O conceito de um Salão Nacional de Estátuas originou-se em meados do século XIX, antes mesmo da conclusão da atual ala da Câmara em 1857. Naquela época, a Câmara dos Deputados passou para suas novas e amplas instalações, e a antiga câmara vaga tornou-se uma passagem entre a Rotunda e a ala da Câmara. A partir de 1853, foram feitas sugestões para seu aproveitamento.

Hoje, sua coleção consiste de cem estátuas doadas pelos cinquenta estados.

Para conhecer a relação das cem estátuas, por favor, visite o website do escritório do "Architect of the Capitol" – www.aoc.gov.

Estátua da Liberdade

A *Estátua da Liberdade*, de Thomas Crawford, é o elemento de destaque do domo do Capitólio dos Estados Unidos. A estátua de bronze é uma figura feminina clássica da Liberdade usando guirlandas de flores. Sua mão direita repousa sobre o punho de uma espada embainhada; a esquerda segura uma láurea da vitória e o escudo dos Estados Unidos com treze listras. Seu capacete é rodeado por estrelas e tem no alto uma crista formada por uma cabeça de águia, penas e garras, uma referência aos costumes dos Nativos Americanos. Um broche com a inscrição "U.S." segura seu traje franjado. Ela está em pé sobre um globo de ferro fundido cercado pelas palavras *E Pluribus Unum*, o lema nacional da época. A parte inferior da base está decorada com guirlandas e feixes de varas. Dez pontas de bronze revestidas de platina estão presas a seu adorno de cabeça, a seus ombros e escudo como proteção contra relâmpagos. A estátua de bronze tem 6 metros de altura e pesa aproximadamente 6.800 kg. A crista do capacete fica a 88 metros acima da praça do lado leste do edifício.

Havia, no projeto original do arquiteto Thomas U. Walter para o novo domo de ferro fundido autorizado em 1855, uma estátua monumental no alto do Capitólio nacional. O desenho de Walter mostrava o esboço de uma estátua representando a Liberdade; Crawford propôs uma figura alegórica da "Liberdade triunfante na Guerra e na Paz". Como o Secretário da Guerra Jefferson Davis apresentou objeções à intenção do escultor de incluir um quepe da liberdade, símbolo dos escravos libertos, Crawford substituiu-o por um capacete romano com crista.

Crawford recebeu a encomenda da Estátua da Liberdade em 1855, e executou o modelo em gesso da estátua em seu estúdio em Roma. Ele morreu em 1857, antes do modelo sair do seu estúdio.

Em 1860, a estátua começou a ser fundida em cinco partes por Clark Mills, cuja fundição de bronze ficava localizada nos arredores de Washington. Os trabalhos foram interrompidos em 1861 por causa da Guerra Civil, mas no final de 1862 a estátua foi concluída e exibida temporariamente no Capitólio. O preço da estátua, excluindo sua instalação, foi de US$ 23.796,82. No final de 1863, a construção já estava avançada o suficiente para a instalação da estátua, que foi suspensa em partes e montada no alto do pedestal de ferro fundido. A seção final, com a cabeça e os ombros da figura, foi erguida em 2 de dezembro de 1863, com uma salva de 35 tiros respondida pelos canhões de 12 fortes ao redor de Washington.

CAPÍTULO 2
O Destino Secreto dos Estados Unidos

"Quem me dera poder retratar sua mente."

– Nicholas Hilliard, que pintou um retrato em miniatura de Bacon

Francis Bacon, Visconde St. Alban, 1641. *William Marshall. © National Portrait Gallery, Londres.*

Trecho de Nova Atlântida *por Sir Francis Bacon*

Sir Francis Bacon é suspeito de tudo – de ter inventado a ciência moderna, de ter escrito as obras de Shakespeare e a Bíblia do Rei James (na qual teria inserido diversos códigos secretos Baconianos). Segundo alguns, ele chegou a fazer um maravilhoso experimento chamado América.

Buscando refugiar-se, Langdon e Katherine Solomon correm pela Biblioteca Folger, especializada na obra de Shakespeare, que, segundo Langdon, parece oferecer "camuflagem adequada para eles nessa noite, pois abrigava o manuscrito original em latim de Nova Atlântida *de Francis Bacon, a visão utópica na qual se supõe que os pioneiros norte-americanos teriam modelado um novo mundo, baseado em conhecimentos antigos".*

Publicada originalmente em 1627, um ano após a morte de Bacon, Nova Atlântida *é uma fábula utópica na qual marinheiros desesperados descobrem uma ilha cujos habitantes cuidam deles e contam uma história do mundo que os europeus perderam ou esqueceram. Sua sociedade ideal gira em torno de uma espécie de colégio, chamado "Casa de Salomão". Nele, "A finalidade de nossa fundação é o conhecimento das causas, e dos movimentos*

secretos das coisas; e a ampliação dos limites do império humano, para tornar possíveis todas as coisas".

Neste trecho, o governador da ilha responde às perguntas dos marinheiros:

"Assim, não se espantem com a escassa população da América, nem com a rudeza e a ignorância de seu povo; pois vocês devem considerar os habitantes da América como um povo jovem; mil anos mais jovem, no mínimo, do que o resto do mundo; pois tanto tempo transcorreu entre o dilúvio universal e esta extraordinária inundação. Os pobres sobreviventes da semente humana, que ficaram em suas montanhas, tornaram a povoar lentamente o país, pouco a pouco; e, sendo uma gente simples e selvagem (distintas de Noé e de seus filhos, que eram a principal família da terra), foram incapazes de deixar para a posteridade o alfabeto, as artes ou a civilização; e estando do mesmo modo habituados em suas moradias montanhesas (por causa do extremo frio dessas regiões) a se vestir com peles de tigres, ursos e cabras de pelos longos, que haviam nessas terras, quando desceram ao vale e encontraram o calor insuportável que ali rei-

Francis Bacon, Visconde St. Alban, 1731? John Vanderbank. © National Portrait Gallery, Londres.

nava, e sem saberem como se vestir de maneira mais leve, foram forçados a se acostumarem a andar nus, o que fazem até hoje. Mas orgulham-se das penas das aves; e esse hábito também foi herdado de seus ancestrais das montanhas, encantados com elas devido ao voo infinito das aves que subiam até as terras altas enquanto as águas ocupavam as terras mais baixas. Como veem, por causa desse grande acidente perdemos nosso contato com os americanos, com os quais tínhamos, mais do que com outros, um comércio mais intenso devido à nossa maior proximidade.

"Quanto às outras partes do mundo, fica evidente que nas eras seguintes (fosse por causa das guerras, ou pela evolução natural do tempo), a navegação decaiu muito em todos os lugares; especialmente as longas viagens (em parte, por causa do emprego de galés e de barcos que mal poderiam resistir à fúria do mar) deixaram de realizar-se. Desse modo, a comunicação que poderiam ter mantido conosco outras nações cessou há muito, exceto por algum raro acidente, como este de vocês. Quanto ao contato que poderíamos ter com outros países graças à nossa navegação, a causa é outra. Devo confessar, falando com franqueza, que nossas embarcações, seu número, sua potência, nossos marinheiros e pilotos, assim como todas as coisas que pertencem à navegação, acham-se tão fortes quanto sempre foram; quanto ao motivo pelo qual deveríamos ficar sentados em casa, vou fazer-lhes um relato que vai ajudá-lo em sua principal dúvida.

"Havia um rei nesta terra, há uns 1900 anos, por cuja memória temos grande adoração; não de forma supersticiosa, mas como um instrumento divino, embora fosse um homem mortal; seu nome era Solamona, e nós o estimamos como o legislador de nossa nação. Esse rei tinha um grande coração, inesgotável para o bem, e sempre visava fazer com que seu reino e seu povo fossem felizes. Portanto, levando em conta que esta terra era suficiente e substanciosa para se manter sem qualquer ajuda do exterior, tendo um diâmetro de mais de 9.000 km, e com um solo de rara fertilidade em sua maior parte; e sabendo que os navios de nosso país poderiam explorar a navegação de pesca e de cabotagem, bem como o transporte para algumas pequenas ilhas não muito distantes de nós, que se encontram sob a coroa e as leis deste Estado; e lembrando como esta terra era feliz e próspera então, e que poderia piorar de mil maneiras, mas quase não poderia melhorar; que pessoalmente nada desejava, dadas suas nobres e heroicas intenções; quis apenas perpetuar (até onde se pode humanamente perceber) aquilo que em sua época estava firmemente estabelecido. Por isso, entre outras leis fundamentais que promulgou, encontram-se aquelas que proíbem a entrada de estrangeiros; naquela época (embora

> **"Mas digo que não mantemos comércio em busca de ouro, prata ou joias; tampouco por sedas, especiarias ou qualquer outro bem; só o fazemos pela primeira criação de Deus, que foi a Luz..."**

fosse depois da calamidade da América), isso era frequente; ele o fez por temer novidades e a mistura de costumes...

"E aqui pareço fazer uma pequena digressão, mas vocês verão que ela é pertinente. Vão compreender (meus caros amigos) que entre os excelentes atos desse rei, um, acima de todos, foi proeminente. Foi a fundação e a instituição de uma Ordem ou Sociedade, que chamamos de Casa de Salomão; a mais nobre fundação (segundo cremos) que já houve sobre a terra; e o farol deste reino. Dedica-se ao estudo das obras e das criaturas de Deus. Alguns acreditam que tem o nome, um pouco corrompido, de seu fundador, como se devesse se chamar Casa de Salomona. Mas os documentos a registram tal como a pronunciamos hoje. Leva o nome do rei dos hebreus,

que é bastante famoso entre vocês, e que não nos é estranho. Pois temos algumas de suas obras, que vocês perderam; entre elas, a história natural que ele escreveu, sobre todas as plantas, desde o cedro do Líbano até o musgo que cresce nas paredes, e todas as coisas que têm vida e movimento. Isso me faz pensar que nosso rei, encontrando-se de acordo, de diversas maneiras, com muitas coisas ditas por aquele rei dos hebreus (que viveu muitos anos antes dele), homenageou-o com o nome dessa fundação. E sinto-me bastante propenso a concordar com essa opinião, pois em documentos antigos essa Ordem ou Sociedade ora é chamada de Casa de Salomão, ora Colégio dos Seis Dias de Trabalho; por isso, deduzo que nosso excelente rei aprendeu com os hebreus que Deus criou o mundo e tudo quanto este encerra em seis dias, e que, portanto, ao fundar esta casa para o estudo da verdadeira natureza de todas as coisas (com o que Deus poderia ter mais glória por fazê-las, e os homens as usufruiriam melhor), deu-lhe também esse segundo nome.

"Mas agora, vamos a nosso propósito atual. Quando o rei proibiu seu povo de navegar para qualquer lugar que não estivesse sob sua coroa, fez, contudo, uma ressalva: que a cada doze anos, sairiam deste reino dois barcos, com o objetivo de realizarem diversas viagens; que em cada um desses barcos deveria haver uma missão de três Membros ou Irmãos da Casa de Salomão; sua missão seria dar a conhecer os assuntos e o estado dos países que visitaram, especialmente das ciências, artes, manufaturas e invenções do mundo todo; além disso, deveriam trazer livros, instrumentos e modelos de toda espécie: Os navios deveriam voltar depois de terem desembarcado os irmãos; e os irmãos deveriam ficar no exterior até a chegada da próxima missão. Esses navios seriam carregados com provisões e com tesouros, para que os irmãos pudessem adquirir coisas necessárias e recompensar as pessoas que, segundo entendessem, assim o merecessem. Bem, não posso dizer-lhes como os marinheiros comuns não são identificados em terra, ou como vivem em terra sob o disfarce de outra nacionalidade, ou que lugares foram escolhidos para essas missões, ou quais os destinos de novas missões, e as circunstâncias dessas práticas; tal não posso fazer, por mais que o desejem. Mas digo que não mantemos comércio em busca de ouro, prata ou joias; tampouco por sedas, especiarias ou qualquer outro bem; só o fazemos pela primeira criação de Deus, que foi a Luz: ter a luz (digo) do desenvolvimento de todas as partes do mundo."

O Colégio Invisível – Sobre Rodas!

por Frances A. Yates

Dama Frances Yates não conseguiu nenhuma evidência – malgrado seus manifestos imensamente influentes – de que teria de fato existido uma organização fraterna de rosa-cruzes durante o século XVII!

Ela conclama "pessoas sensatas e historiadores sensatos" a pensarem no rosa-crucianismo como "um certo estilo de pensamento identificável historicamente, sem precisar suscitar polêmicas sobre o fato de um estilo rosa-cruz de pensar pertencer ou não a uma sociedade secreta".

Como ninguém conseguiu encontrar os Irmãos R.-C. para participar, eles foram mencionados como "os Invisíveis".

A gravura a seguir apresenta uma construção peculiar, sobre a qual há uma inscrição contendo as palavras *Collegium Fraternitatis* e *Fama*, com a data de 1618. No edifício, nos lados da porta, há uma rosa e uma cruz. Portanto, devemos presumir que estamos contemplando uma representação do Colégio Invisível dos Irmãos R.-C. Outro emblema rosa-cruz importante é sugerido nas asas com o Nome de Jeová, expressivo nas palavras que selam a conclusão da *Fama*, "Sob a sombra de tuas asas, Jeová". No céu, à esquerda e à direita do Nome central e das asas, há uma Serpente e um Cisne, com estrelas e a alusão às "novas estrelas" [nas constelações do] Serpentário e Cisne mencionadas no *Confessio* como indicadoras proféticas de um novo sistema religioso.

Uma mão que sai de uma nuvem ao redor do Nome segura o edifício, como que por um cordão, e o edifício em si tem asas e está sobre rodas. Será que isso significa que o Colégio da Fraternidade da Rosa-cruz, alado e móvel, é, como a Utopia, invisível, uma vez que literalmente não existe? O Colégio Rosa-cruz é defendido por três figuras em suas torres, com escudos sobre os quais está gravado o Nome, e brandem o que parecem ser penas. Seriam presenças angélicas defendendo aqueles que vivem sob a Sombra das Asas?

De um lado do edifício sai uma trombeta, e as iniciais "C.R.F.", talvez "Christian Rosenkreutz Frater", anunciadas pelo alarido dos manifestos. Do outro lado, uma mão segura uma espada e tem um rótulo "Jul. de Campi", aludindo ao personagem chamado "Julianus de Campis" que

The Invisible College of the Rose Cross Fraternity [O Colégio Invisível da Fraternidade Rosa-cruz]. De Theophilus Schweighardt, *Speculum Sophicum Rhodo-Stauroticum*. © Adam McLean 2002.

aparece no Speculum e cuja defesa da Fraternidade R.-C. foi publicada com a edição de 1616 (Cassel) dos manifestos. Talvez seja por isso que ele porta uma espada defensiva na gravura. Perto do braço que se projeta, as palavras "Jesus nobis omnia" estão gravadas sobre o edifício, um lema que também aparece na *Fama* e é expressiva do ponto já mencionado do *Speculum*, que a verdadeira abordagem diante do mistério micro e macrocósmico está na imitação de Cristo, tal como definida por Thomas à Kempis. Outros pequenos pares de asas têm inscrições, uma das quais é "T.S.", talvez Theophilus Schweighardt, suposto autor do *Speculum*.

Uma figura ajoelhada no chão, à direita, dirige preces sinceras ao Nome. Vistas nas janelas do Colégio da Fraternidade da Rosa-cruz há figuras de pessoas que parecem dedicadas a estudos. Um homem trabalha em alguma coisa numa das janelas, e na outra veem-se instrumentos científicos. A atitude de prece da figura ajoelhada pode expressar uma postura diante de estudos científicos, angelicais e divinos, como os de John Dee.

Deixo ao leitor a tarefa de encontrar novos enigmas nessa gravura que, sem dúvida, mostra-nos de maneira emblemática a mensagem da *Fama* rosa-cruz. Estamos aqui perto do centro da "piada", do *ludibrium*, na mente das estranhas pessoas que criaram os manifestos rosa-cruzes.

> **Uma mão que sai de uma nuvem ao redor do Nome segura o edifício, como que por um cordão, e o edifício em si tem asas e está sobre rodas.**

Dama Frances Amelia Yates DBE foi autora de The Rosicrucian Enlightenment *(do qual este texto foi extraído)*, Giordano Bruno and the Hermetic Tradition* e The Art of Memory.

---

* *Giordano Bruno e a Tradição Hermética*, publicado pela Editora Cultrix, São Paulo, 1987.

Civilidade Maçônica Durante a Guerra da Independência
por Michael Baigent e Richard Leigh

A Franco-maçonaria (na época da Guerra da Independência) era o repositório de um idealismo imaginativamente tocante e poderoso, que ela era capaz de disseminar de um modo todo próprio. A maioria dos colonos não havia lido Locke, Hume, Voltaire, Diderot ou Rousseau, assim como a maioria dos soldados ingleses. Através das lojas, porém, as correntes de pensamento associadas a esses filósofos tornaram-se universalmente acessíveis. Foi principalmente graças às lojas que colonos "comuns" conheceram aquele elevado conceito chamado de "os direitos do homem". Foi graças às lojas que conheceram o conceito de uma sociedade aperfeiçoada. E o Novo Mundo parecia oferecer uma espécie de lousa em branco, uma espécie de laboratório no qual eram possíveis experimentos sociais, e os princípios abraçados pela Franco-maçonaria podiam ser aplicados na prática.

Uma das principais questões sobre a Guerra Americana de Independência é como e por que os ingleses planejaram perdê-la. Pois a guerra não foi "vencida" pelos colonos norte-americanos, e sim "perdida" pela Inglaterra. Só a Inglaterra, independentemente dos esforços dos colonos, tinha a capacidade de vencer ou de perder o conflito; e, por não

Baigent e Leigh sugerem que os comandantes ingleses não eram tão cruéis como poderiam ter sido na tentativa de reprimir a Revolução Americana. Apesar de uma ordem direta do rei George III, lorde Jeffrey Amherst recusou-se a comandar as tropas britânicas nos Estados Unidos, embora estivesse disposto a lutar contra qualquer inimigo europeu. Sua crueldade não estava sendo questionado – ele tinha controlado a rebelião de Pontiac em Ohio distribuindo cobertores infectados com varíola para os índios. Mas ele não estava disposto a lutar contra seus antigos aliados norte-americanos. *Retrato de Jeffrey Amherst, 1º barão Amherst, por James Watson, segundo sir Joshua Reynolds. © National Portrait Gallery, Londres.*

decidir ativamente vencê-lo, ela o perdeu como que por exclusão.

Na maioria dos conflitos... a vitória ou a derrota de um ou de outro combatente podem ser explicadas em termos militares. Na maioria desses conflitos, o historiador é capaz de indicar um ou mais fatores específicos – certas táticas ou decisões estratégicas, certas campanhas, certas batalhas, certas considerações logísticas (como linhas de suprimentos ou volume de produção industrial), ou simplesmente o processo de atrito. Qualquer desses fatores, como o historiador irá dizer, individual ou conjuntamente, causa o colapso de um dos combatentes, ou torna insustentável o prosseguimento do combatente nesse conflito. Na Guerra Americana de Independência, porém, não há fatores dessas categorias para se apontar. Mesmo as duas batalhas que costumam ser vistas como "decisivas" – Saratoga e Yorktown – só podem ser consideradas "decisivas" em termos da moral norte-americana, ou talvez, graças à sabedoria da retrospectiva, em termos de "divisores de águas" intangíveis. Nenhum desses combates paralisou, sequer prejudicou seriamente, a capacidade britânica de combate. Nenhum deles envolveu mais do que uma fração das tropas britânicas na América do Norte. A guerra prosseguiu por quatro anos após Saratoga, período no qual a derrota inglesa foi compensada por uma série de vitórias. E quando Cornwallis se rendeu em Yorktown, a maior parte das forças inglesas ainda estava intacta, ainda estava bem posicionada para dar continuidade às operações em outros locais, ainda estava em posição de vantagem estratégica e numérica. Não houve, na Guerra Americana de Independência, nenhuma vitória conclusiva comparável a Waterloo, nenhum inexcedível "momento decisivo" comparável a Gettysburg. Tem-se a impressão de que todos simplesmente ficaram cansados e entediados, perderam o interesse, decidiram fazer as malas e voltar para casa.

Nos manuais de história norte-americana, é normal apresentarem certas explicações como justificativas militares para a derrota britânica – naturalmente, porque qualquer explicação militar resulta num testemunho da capacidade bélica dos norte-americanos. Assim, por exemplo, sugere-se, quando não se afirma claramente, que toda a América do Norte colonial estava empunhando armas, enfrentando uma Inglaterra com todo um continente hostil disposto contra ela – uma situação semelhante à da invasão da Rússia por Napoleão ou Hitler, com todo um povo unido para repelir o agressor. O que é mais comum ainda é afirmar que o exército britânico estava fora do seu elemento no cenário selvagem da América do Norte – que não estava treinado e nem adaptado para o tipo de combate irregular de guerrilha sendo travado pelos colonos e ditado pelo terreno. E alguns alegam que os comandantes britânicos eram incompetentes, ineptos, preguiçosos e corruptos, e que o exército local os superava em análise e em manobras militares. Vale a pena estudar separadamente cada uma dessas alegações.

Na verdade, o exército britânico não se defrontou com um continente ou com um povo passionalmente unido contra ele. Dos 37 jornais das colônias em 1775, 23 eram favoráveis à rebelião, sete eram leais à Inglaterra e sete eram neutros ou sem convicção. Se podemos ver aí um reflexo da atitude da população, então nada menos do que 38% não estavam preparados para apoiar a independência. Com efeito, um número significativo de colonos manteve-se ativamente ligado àquela que consideravam sua pátria-mãe. Foram espiões voluntariamente, forneceram informações, acomodações e suprimentos para as tropas britânicas. Muitos empunharam armas e participaram de combates, junto às tropas inglesas, contra seus vizinhos coloniais. No decorrer da guerra, houve nada menos do que catorze regimentos de colonos leais à coroa britânica.

Tampouco é sustentável dizer que o exército britânico não estava preparado ou treinado para enfrentar o tipo de combate sendo travado na América do Norte. Em primeiro lugar, e ao contrário do que se costuma pensar, a maior parte do conflito não envolveu combates irregulares. A maioria foi de cercos e batalhas com peças de artilharia fixa, exatamente o que se fazia na Europa e no que o exército britânico – e os mercenários alemães que levavam – era excelente. Mas mesmo quando travavam combates irregulares, as tropas britânicas não ficavam em desvantagem. Como vimos, Amherst, Wolfe e seus subalternos, não mais do que vinte anos antes, tinham travado exatamente esse tipo de combate quando libertaram a América do Norte das mãos dos franceses. De fato, o exército britânico foi pioneiro no tipo de combate que às vezes é ditado por florestas e rios, um tipo de cenário no qual as técnicas e

> **Ignoraram oportunidades que teriam sido aproveitadas ou buscadas avidamente por homens bem menos eficientes.**

formações dos batalhões europeus não se enquadravam bem. As tropas alemãs podiam ser vulneráveis a tais táticas, mas unidades britânicas como o 60º Pedestre – o antigo regimento de rifles de Ambrose – podia superar (e costumava superar) os colonos em seu próprio jogo, um jogo que, afinal de contas, a maioria dos líderes militares dos colonos tinha aprendido com os comandantes britânicos.

Há ainda a acusação de incompetência e de inaptidão por parte dos comandantes britânicos. No que diz respeito a um desses comandantes, sir John Burgoyne, a acusação pode ser válida. Quanto aos três comandantes principais, porém, sir William Howe, sir Henry Clinton e lorde Charles Cornwallis, não. Na verdade, Howe, Clinton e Cornwallis eram tão competentes quanto seus colegas norte-americanos. Os três tiveram mais vitórias contra os colonos do que derrotas – e foram vitórias maiores, mais importantes. Os três haviam demonstrado antes sua habilidade, e teriam ocasião para demonstrá-la novamente. Howe, em particular, teve um papel de destaque na guerra contra os franceses, vinte anos antes – ele aprendeu táticas irregulares com seu irmão, que morreu em Ticonderoga, esteve sob ordens de Amherst em Louisbourg e Montreal e liderou as tropas de

Wolfe até Heights of Abraham em Quebec. E entre 1772 e 1774, foi responsável pela introdução de companhias de infantaria ligeira em regimentos de linha. Clinton nascera em Newfoundland, crescera em Newfoundland e em Nova York, servira as milícias de Nova York antes de entrar para a Guarda e atuar no Continente, onde sua ascensão na hierarquia militar fora descrita como "meteórica". Cornwallis também se distinguiu durante a Guerra dos Sete Anos. Depois, durante o combate em Mysore, teve uma série de vitórias que deram à Inglaterra o controle do sul da Índia – e, nesse processo, atuou como mentor do jovem sir Arthur Wellesley, mais tarde duque de Wellington. E durante a rebelião de 1798 na Irlanda, Cornwallis mostrou-se não só um hábil estrategista, como um homem sábio e caridoso, que tinha de refrear constantemente a brutalidade de seus subordinados. Em suma, não eram comandantes ineptos ou incompetentes.

Mas se durante a Guerra Americana de Independência o alto comando britânico não era incompetente nem inepto, era – a um grau que nunca foi explicado satisfatoriamente pelos historiadores – estranhamente procrastinador, inconstante, apático, até letárgico. Ignoraram oportunidades que teriam sido aproveitadas ou buscadas avidamente por homens bem menos eficientes. Algumas operações eram conduzidas com um ar quase sonambúlico, lânguido. A guerra, dito em termos simples, não foi atendida com a implacabilidade que costuma ser exigida para a vitória – o tipo de implacabilidade exibida por esses mesmos comandantes quando postos diante de adversários diferentes dos colonizadores norte-americanos.

De fato, a Inglaterra não perdeu a guerra na América do Norte por motivos militares. A guerra foi perdida por conta de fatores completamente diferentes. Foi uma guerra muito impopular... para o público britânico, a maior parte do governo britânico e praticamente todo o pessoal britânico envolvido diretamente – soldados, oficiais e comandantes. Clinton e Cornwallis lutaram sob condições difíceis, e extremamente relutantes. Howe foi ainda mais expressivo, repetindo sempre sua raiva, sua infelicidade e sua frustração com o comando que lhe fora dado. Seu irmão, o almirante Howe, sentia o mesmo. Os colonos, declarou, eram "o povo mais oprimido e abalado da terra".

A posição de Amherst foi ainda mais militante. No início das hostilidades, Amherst contava 59 anos – quinze a mais do que Washington, do-ze a mais do que Howe, mas ainda perfeitamente capaz de realizar operações militares. Após seus êxitos na Guerra dos Sete Anos, tornou-se governador da Virgínia, e aprimorou ainda mais sua habilidade em táticas irregulares durante a rebelião indígena liderada pelo chefe Pontiac. Quando começou a Guerra Americana de Independência, ele era comandante-em-chefe do exército britânico, e estava cansado da burocracia e rotina do seu "trabalho de gabinete". Se Amherst tivesse assumido o comando da campanha na América do Norte, e (juntamente com seu antigo subordinado, Howe) exibido o vigor com que lutara na França vinte anos antes, sem dúvida os acontecimentos teriam tido outro resultado. Mas Amherst mostrou o mesmo descontentamento que os outros que assumiram seus postos; e seu superior permitiu-lhe o luxo de recusar-se a servir. A primeira oferta foi feita em 1776, e Amherst declinou do convite. Em janeiro de 1778, foi sondado novamente. O rei, George III, chegou a nomeá-lo comandante-em-chefe na América e exigiu que ele assumisse o controle da guerra. Ameaçando demitir-se de sua indicação, Amherst não aceitou a ordem direta do rei. Tentativas de convencê-lo, feitas por membros do governo, mostraram-se igualmente fúteis.

Para Amherst, para Howe, para a maioria dos outros comandantes britânicos, bem como para a maior parte do público britânico, a Guerra Americana de Independência era tida como uma espécie de guerra civil. Com efeito, eles se viam, e com desconforto, lutando com adversários que eles consideravam amigos ingleses – geralmente, ligados a eles não apenas pela língua, pelas tradições, pelos costumes e atitudes, como também, em muitos casos, por verdadeiros vínculos familiares. Mas havia ainda mais coisas por trás de tudo isso. Como vimos, a Franço-maçonaria, na Inglaterra do século XVIII, era uma rede que permeava toda a sociedade, particularmente nas classes instruídas – profissionais liberais, funcionários e administradores públicos, educadores, pessoas que moldavam e dirigiam a opinião pública. Ela também produzia um clima psicológico e cultural generalizado, uma atmosfera que formava a mentalidade da época. Isso se aplicava particularmente aos militares, e as lojas de campo constituíam uma estrutura de coesão que ligava os homens às suas unidades, a seus comandantes e uns aos outros. E isso era ainda mais válido entre "soldados comuns", que não tinham os vínculos de casta ou de família da classe dos oficiais. Durante a Guerra Americana de Independência, a maior parte dos militares envolvidos, comandantes e soldados de ambos os lados, ou eram maçons praticantes, ou conheciam bem as atitudes e os valores da Franço-maçonaria. A mera existência das lojas de campo fazia com que até os não maçons fossem expostos constantemente aos ideais da instituição. É evidente que muitos desses ideais eram representados por aquilo que motivava os colonos a lutar. Os princípios segundo os quais os colonos declararam a independência e depois lutaram por ela eram – incidentalmente, talvez, mas de forma disseminada – maçônicos. E assim, para o alto comando britânico, bem como para os baixos escalões, eles não estavam apenas numa guerra contra amigos ingleses, mas também com irmãos maçons. Em tais circunstâncias, geralmente é difícil ser implacável. Não se deve entender com isto, naturalmente, que os comandantes ingleses foram culpados de traição. Afinal, eram soldados profissionais, e estavam preparados, embora com relutância, a cumprir com seu dever. Mas procuraram se esforçar para definir esse dever da maneira mais estrita possível, e não fazer nada além disso.

O Grande Selo dos Estados Unidos

por Joseph Campbell e Bill Moyers

Os adeptos de teorias conspiratórias mencionam a pirâmide inacabada, o olho que tudo vê e o apelo para uma "Nova Ordem Mundial" que estão impressos na nota de um dólar dos EUA como farta evidência da conspiração maçônica para dominar o mundo. O medalhão que contém essas imagens é o reverso do Grande Selo dos Estados Unidos, que nunca foi cunhado. Com efeito, nunca fora publicado até o vice-presidente Henry Wallace (maçom) convencer o presidente Franklin Roosevelt (maçom) a incorporá-lo ao desenho das novas cédulas emitidas a partir de 1935.

Bill Moyers trabalhou como comentarista de notícias na televisão norte-americana e envolveu-se bastante com a rede pública de TV, produzindo documentários e programas jornalísticos. Em 1988, a série de Bill Moyers na rede pública PBS, *The Power of Myth*, explorou com Joseph Campbell o conteúdo do seu livro sobre arquétipos mitológicos, religiosos e psicológicos. Joseph Campbell foi um mitólogo, escritor e conferencista norte-americano, conhecido por seu trabalho sobre mitologias e religiões comparadas.

Bill Moyers e Joseph Campbell exploraram o significado do Grande Selo como parte de sua análise de The Power of Myth:

MOYERS: De que espécie de mito novo precisamos?

CAMPBELL: Precisamos de mitos que identifiquem o indivíduo com o planeta, não com seu grupo local. Os Estados Unidos são um modelo para isso. Tínhamos aqui treze pequenas colônias-nações diferentes que resolveram agir em interesse mútuo, sem desrespeitar os interesses individuais de nenhuma delas.

MOYERS: Há alguma coisa sobre isso no Grande Selo dos Estados Unidos.

CAMPBELL: O Grande Selo trata exatamente disso. Tenho em meu bolso um exemplar do Grande Selo, na forma de uma nota de um dólar. É a declaração dos ideais que levaram à formação dos Estados Unidos. Observe esta nota de um dólar. Aqui, temos o Grande Selo dos Estados Unidos. Veja a pirâmide à esquerda. Uma pirâmide

A Freedom Plaza é um local popular no centro de Washington. No chão, veem-se as imagens do Grande Selo dos Estados Unidos.

tem quatro lados. São os quatro pontos cardeais. Há alguém neste ponto, há alguém naquele ponto, e há alguém neste ponto. Quando você chega nos níveis inferiores dessa pirâmide, ou está de um lado, ou do outro. Mas quando você chega ao ápice, os pontos se reúnem, e é ali que o olho de Deus se abre.

MOYERS: *E para eles esse era o deus da razão.*
CAMPBELL: Sim. Esta foi a primeira nação do mundo estabelecida com base na razão, e não em simples guerras. Esses cavalheiros eram deístas do século XVIII. Aqui nós lemos, "In God We Trust" ["Em Deus Confiamos"]. Mas esse não é o deus da Bíblia. Esses homens não acreditavam numa Queda. Eles não achavam que a mente do homem tinha se dissociado de Deus. A mente do homem, livre de interesses secundários e meramente temporais, contempla com o brilho de um espelho polido um reflexo da mente racional de Deus. A razão coloca você em contato com Deus. Consequentemente, para esses homens, não existe revelação especial em parte alguma, e nenhuma é necessária, pois a mente do homem, despida de falsidades, é suficientemente capaz de conhecer a Deus. Todas as pessoas do mundo têm essa capacidade, pois todas as pessoas do mundo são capazes de raciocinar.

Todos os homens são capazes de raciocinar. Esse é o princípio fundamental da democracia. Como a mente de todos é capaz de obter um conhecimento autêntico, não é preciso uma autoridade es-

Robert Langdon e Katherine Solomon fingem que o Selo os dirige ao Monumento Maçônico a George Washington em Alexandria, Virgínia, para despistar a CIA.

pecial, ou uma revelação especial, dizendo-nos que as coisas devem ser desta ou daquela maneira.

MOYERS: E esses símbolos vêm da mitologia?

CAMPBELL: Sim, mas vêm de uma certa qualidade da mitologia. Não é a mitologia de uma revelação especial. Os hindus, por exemplo, não acreditam em revelações especiais. Eles falam de um estado no qual os ouvidos se abriram para a música do universo. Eis os olhos que se abriram para o brilho da mente de Deus. E essa é uma ideia deísta fundamental. Se você rejeita a ideia da Queda do Éden, o homem não se desliga de sua fonte.

Agora, voltemos ao Grande Selo. Quando você conta o número de níveis dessa pirâmide, percebe que são treze. E quando você chega à base, encontra uma inscrição em algarismos romanos. Naturalmente, é 1776. Depois, somando um, sete, sete e seis, você obtém 21, que é a idade da razão, não é? Foi em 1776 que os treze estados declararam independência. O número treze é o número da transformação e do renascimento. Na Última Ceia, havia doze apóstolos e um Cristo, que ia morrer e depois renascer. Treze é o número pelo qual se sai do campo dos limites do doze para

atingir o transcendente. Há doze signos do zodíaco e um sol. Esses homens tinham consciência do número treze como número da ressurreição, renascimento e vida nova, e incluíram-no aqui de todas as maneiras.

MOYERS: Bem, mas do lado prático, eram treze estados.

CAMPBELL: Sim, mas não foi simbólico? Não foi uma simples coincidência. São treze estados, eles próprios um símbolo do que eram.

MOYERS: Isso explicaria a outra expressão aqui: "Novus Ordo Seclorum".

CAMPBELL: "Uma nova ordem no mundo". Esta é uma nova ordem no mundo. E o texto acima, *"Annuit Coeptis"*, significa "Ele ficou feliz por nossas realizações" ou "nossas atividades".

MOYERS: Ele—

CAMPBELL: Ele, o olho, aquilo que está representado pelo olho. A razão. Em latim, não seria preciso dizer "ele", poderia ser um artigo neutro, ou "ela", ou "ele". Mas o poder divino sorriu sobre nossas ações. E assim, este novo mundo foi construído com base na criação original de Deus, e o reflexo da criação original de Deus, através da razão, produziu-o.

Se você observar o que há além da pirâmide, verá um deserto. Se olhar o que há diante dela, verá plantas crescendo. O deserto, o tumulto da Europa, guerras, guerras e guerras – saímos disso e criamos um estado em nome da razão, não em nome do poder, e dessa vontade surgiu o florescer da vida. É esse o sentido dessa parte da pirâmide.

Agora, veja o lado direito da nota de um dólar. Eis a águia, a ave de Zeus. A águia é a descida da divindade ao domínio do tempo. A ave é o princípio encarnado da divindade. Esta é a águia-careca, a águia americana. Esta é a equivalente norte-americana da águia do maior dos deuses, Zeus.

Ele desce, desce ao mundo dos pares de opostos, ao campo de ação. Um modo de ação é a guerra e o outro é a paz. Assim, com um de seus pés a águia segura treze flechas – esse é o princípio da guerra. Com o outro, segura um ramo de oliveira com treze folhas – este é o princípio da conversação pacífica. A águia olha na direção do ramo de oliveira. É deste modo que os idealistas que fundaram os Estados Unidos queriam que o país visse as coisas, as relações diplomáticas e tudo o mais. Mas, graças a Deus, a águia tem as flechas no outro pé, caso isso não funcione.

Bem, e o que a águia representa? Ela representa aquilo que está indicado nesse símbolo radiante sobre sua cabeça. Certa vez, estava dando uma palestra sobre mitologia, sociologia e política hindu no Instituto de Serviço Diplomático em Washington. No livro de política hindu, há um ditado: o líder deve ter numa das mãos a arma de guerra, um bom bastão, e na outra o som pacífico da melodia da ação cooperativa. E lá estava eu, de pé, com minhas mãos assim, e todos que estavam na sala riram. Eu não entendi. E começaram a apontar. Olhei para trás, e lá estava essa imagem da águia pendurada na parede atrás da minha cabeça, exatamente na posição em que eu estava. Mas quando olhei, vi esse símbolo sobre a cabeça da águia, e que havia nove penas em sua cauda. Nove é o número da descida do poder divino ao mundo. Quando toca o sino do Angelus, ele toca nove vezes.

Bem, sobre a cabeça da águia há treze estrelas, dispostas na forma de uma Estrela de David.

MOYERS: Esse era o Selo de Salomão.
CAMPBELL: Sim. Sabe por que é chamado de Selo de Salomão?

MOYERS: Não.
CAMPBELL: Salomão costumava prender e selar monstros e gigantes e

coisas em jarros. Lembra-se do conto das *Mil e Uma Noites* em que se abria um jarro e dele saía um gênio? Percebi o Selo de Salomão ali, composto por treze estrelas, e então vi que cada um dos triângulos era uma *Tetrakys* ou tétrade sagrada de Pitágoras.

MOYERS: *E Tetrakys significa...*

CAMPBELL: Um triângulo composto por dez pontos, um ponto no meio e quatro de cada lado, num total de nove: um, dois, três, quatro/cinco, seis, sete/oito, nove. Este é o símbolo básico da filosofia pitagórica, sujeito a diversas interpretações interligadas, de cunho mitológico, cosmológico, psicológico e sociológico, e uma delas é que o ponto no alto representa o centro criativo do qual saíram o universo e todas as coisas.

MOYERS: *Portanto, um centro de energia?*

CAMPBELL: Sim. O som inicial (um cristão pode dizer que é o Verbo criador), do qual o mundo surgiu, o big bang, a energia transcendente que permeou o universo e o expandiu através do campo do tempo. Assim que ele entra no campo do tempo, divide-se em pares de opostos, o um torna-se dois. Agora, quando você tem dois, há apenas três formas pelas quais eles podem se relacionar: em uma delas, este domina aquele; em outra, aquele domina este; e na terceira os dois estão em equilíbrio. É assim, finalmente, que de uma dessas três formas de relacionamento, derivam todas as coisas dentro dos quatro quadrantes.

Há um verso, no *Tao-te King* de Lao-Tzu, que afirma que o Tao, o transcendente, gerou o Um. O Um gerou o Dois; o Dois gerou o Três; e o Três gerou dez mil coisas.

Assim, o que percebi subitamente depois de ter visto que no Grande Selo dos Estados Unidos havia dois desses triângulos simbólicos entrelaçados foi que agora tínhamos treze pontos, indicando nossos treze estados originais, e que havia agora, além disso, nada menos do que seis ápices, um em cima, um embaixo e quatro (por assim dizer) nos quatro quadrantes. Para mim, parece-me que o sentido disso pode ser que, de cima ou de baixo, ou de qualquer ponto do horizonte, o Verbo criador pode ser ouvido, que é a grande tese da democracia. A democracia presume que qualquer um, de qualquer lugar, pode falar, e falar a verdade, pois sua mente não está isolada da verdade. Tudo que ele precisa fazer é afastar suas paixões e falar.*

---

* O controle das paixões, submetendo-as à razão, é uma das mais básicas e importantes regras da Maçonaria (N. do T.).

Assim, o que temos aqui na nota de um dólar é a águia representando essa maravilhosa imagem da forma pela qual o transcendente se manifesta no mundo. É nisso que os Estados Unidos se fundamentam. Se você deseja governar adequadamente, precisa governar desde o ápice do triângulo, no sentido do olho do mundo lá no alto.

Quando eu era menino, ouvíamos em classe o discurso de despedida de George Washington e tínhamos de explicá-lo todo, relacionando uma frase com a outra. Por isso, lembro-me de todo o discurso. Washington disse: "Como resultado de nossa revolução, descomprometemo-nos com o envolvimento no caos da Europa". Suas últimas palavras diziam que não devemos fazer alianças no exterior. Bem, mantivemos a palavra até a Primeira Guerra Mundial. E depois, anulamos a Declaração de Independência e nos aliamos à Grã-Bretanha na conquista do planeta. Assim, agora estamos num dos lados da pirâmide. Do um fomos para o dois. Agora so-

Declaração de Independência, de John Trumbull, é um dos quatro quadros históricos desse artista postos na Rotunda do Capitólio na década de 1820. Trumbull foi oficial na Guerra da Independência e conheceu muitos dos signatários, pintando a maioria deles como modelos vivos.

mos, política e historicamente, membros de um lado de um argumento. Não representamos mais o princípio do olho lá no alto. E nossas preocupações estão relacionadas com economia e política, e não com a voz e o som da razão.

MOYERS: A voz da razão – é esse o caminho filosófico sugerido por esses símbolos mitológicos?
CAMPBELL: É isso. Aqui, você tem a importante transição que ocorreu por volta de 500 a.C. É a época do Buda, de Pitágoras, de Confúcio e de Lao-tzu, se é que existiu um Lao-tzu. É o despertar da razão no homem. Ele não é mais formado e governado por poderes animais. Ele não é mais guiado pela analogia com a terra plantada, pelo curso dos planetas – mas pela razão.

MOYERS: O caminho do —
CAMPBELL: — o caminho do homem. E, naturalmente, o que destrói a razão é a paixão. Na política, o princípio da paixão é a ambição desmedida. É isso que nos puxa para baixo. E é por isso que estamos deste lado da pirâmide, e não em seu ápice.

MOYERS: Foi por isso que nossos fundadores se opuseram à intolerância religiosa —

CAMPBELL: Ela nunca foi cogitada. E foi por isso que eles rejeitaram a ideia da Queda. Todos os homens são competentes para conhecer a mente de Deus. Não existe revelação especial para ninguém.

MOYERS: Entendo que, graças a seus longos anos de estudo e de profunda imersão nesses símbolos mitológicos, você interpretou o Grande Selo dessa maneira. Mas não teria sido surpreendente para muitos desses homens que eram deístas, como você disse, descobrir essas conotações mitológicas sobre seus esforços de construir uma nova nação?
CAMPBELL: Bem, e por que eles as teriam utilizado?

MOYERS: Muitos desses símbolos não são maçônicos?
CAMPBELL: São símbolos maçônicos, e o significado da tétrade sagrada de Pitágoras era conhecido havia séculos. A informação poderia ser encontrada na biblioteca de Thomas Jefferson. Afinal, eles eram homens instruídos. A Iluminação do século XVIII era um mundo de cavalheiros educados. Não temos mais tido na política homens dessa qualidade. Para nosso país, foi uma imensa sorte o fato de esses cavalheiros deterem o poder e estarem em posição de influenciar os acontecimentos nessa época.

MOYERS: O que explica a relação entre esses símbolos e os maçons, e o fato de tantos desses fundadores dos EUA pertencerem à ordem maçônica? De algum modo, a ordem maçônica expressa algum tipo de pensamento mitológico?

CAMPBELL: Creio que sim. Esta é uma tentativa acadêmica de reconstruir uma ordem iniciática que resulta em revelação espiritual. Os fundadores que eram maçons estudavam o que podiam de tradição e folclore egípcios. No Egito, a pirâmide representa a colina primordial. Depois que a inundação anual do Nilo começa a assentar, a primeira colina simboliza o mundo que renasceu. É isso que esse selo representa.

MOYERS: Às vezes, você me confunde com as aparentes contradições no centro do seu próprio sistema de crenças. Por um lado, você louva os homens que inspiraram e criaram a Era da Razão, e, por outro, você saúda Luke Skywalker em Guerra nas Estrelas no momento em que seu mestre diz: "Desligue o computador e confie em seus sentimentos". Como você concilia o papel da ciência, que é a razão, com o papel da fé, que é a religião?

CAMPBELL: Não, não, você precisa distinguir razão e pensamento.

MOYERS: Distinguir razão e pensamento? Se eu penso, não estou raciocinando, usando a razão?

CAMPBELL: Sim, raciocinar é uma maneira de pensar. Mas pensar nas coisas não significa necessariamente raciocinar. Imaginar como você pode atravessar um muro não é raciocinar. O rato que descobre, depois de dar uma narigada na parede, que talvez ele possa dar a volta nela, está deduzindo algo tal como nós deduzimos coisas. Mas isso não é raciocinar. A razão tem a ver com a descoberta da base da existência e com a estrutura fundamental da ordem do universo.

MOYERS: Assim, quando esses homens diziam que o olho de Deus era a razão, estavam dizendo que a base da nossa existência como sociedade, como cultura, como povo, deriva do caráter fundamental do universo?

CAMPBELL: É o que diz esta primeira pirâmide. Esta é a pirâmide do mundo, e é a pirâmide da nossa sociedade, e elas são da mesma ordem. Esta é a criação de Deus, e esta é a nossa sociedade.

IRMÃO DOUGHTY

Não violo segredo algum quando digo que um dos maiores valores da Maçonaria é dar a homens de todos os escalões da vida a oportunidade de se reunir e de ter um interesse comum. Citando um exemplo, quando eu era presidente, o Mestre de minha loja era o Irmão Doughty, jardineiro da propriedade do meu vizinho, e um cidadão de espírito aberto com quem gostei de manter contato. É claro que eu não podia visitá-lo em casa – isso o teria deixado envergonhado – nem ele podia, sem passar por percalços, visitar-me. Na loja era diferente. Ele era meu superior embora eu fosse o presidente, e era algo bom para ele e para mim.

—THEODORE ROOSEVELT
(CONTADO POR RAY V. DENSLOW EM FREEMASONRY AND THE PRESIDENCY)

Theodore Roosevelt como Mestre Maçom, 1912. J. L. Phelps. *Foto de David Bohl. Scottish Rite Museum and Library.*

ENCONTRANDO OS SÍMBOLOS PERDIDOS NA CIDADE DE WASHINGTON

Enquanto corriam pelos corredores da Biblioteca do Congresso, Langdon e Walter Bellamy (Arquiteto do Capitólio) podem ter tido um vislumbre do Capitólio, a quatrocentos metros dali. *Library of Congress, Prints and Photographs Division. Foto de Carol M. Highsmith.*

A Biblioteca do Congresso

Com o Arquiteto do Capitólio, Robert Langdon escapa do Centro de Visitantes do Capitólio através de um túnel que leva à Biblioteca do Congresso. Ainda em construção na época de sua fuga, o túnel agora está pronto.

A Biblioteca do Congresso proporciona uma cálida recepção aos leitores e visitantes quando saem do túnel. As multidões que inundam o Centro de Visitantes e a Rotunda, e a força policial – compreensivelmente tensa – obrigada a proteger o Congresso e o Capitólio, são esquecidas rapidamente. Na Biblioteca, os visitantes são incentivados a ficar à vontade, a contemplar as maravilhosas esculturas, pinturas e arquitetura, e a admirar o imenso potencial do conhecimento humano.

Ao contrário da Filadélfia e de Nova York, onde as bibliotecas universitárias e as coleções particulares estavam disponíveis para os membros do Congresso, em 1800 a cidade de Washington mal tinha livros. O Congresso, recém-chegado, disponibilizou US$ 5.000 e adquiriu 740 livros e 30 mapas em Londres. A coleção era pequena, formada principalmente por livros de di-

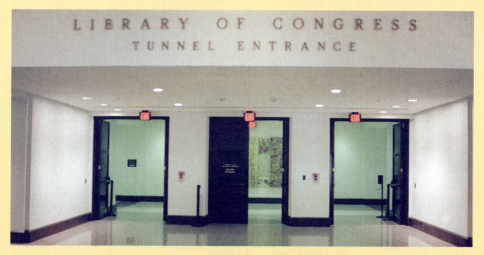

O túnel que vai do Centro de Visitantes do Capitólio à Biblioteca do Congresso.

reito, e tinha apenas 3.000 volumes quando foi queimada pelos ingleses na Guerra de 1812.

O ex-presidente Thomas Jefferson, então com 71 anos, ofereceu-se para vender sua biblioteca pessoal ao Congresso. Formada ao longo de cinquenta anos, refletia sua ampla gama de interesses em filosofia, ciência, arquitetura e literatura, e ele desejou vendê-la toda, na esperança de pagar suas dívidas. Talvez, para desarmar oposições ao escopo da aquisição proposta, Jefferson escreveu: "Não sei se ela contém algum ramo da ciência que o Congresso desejaria excluir de sua coleção; não há [nela], com efeito, nenhum assunto que um Membro do Congresso não teria ocasião de consultar".

O Congresso concordou com a aquisição de todos os seus 6.487 livros por uns US$ 24.000. (Evidentemente, sua biblioteca não continha livros sobre aquecimento global.)

Em 1870, o Bibliotecário do Congresso, Ainsworth Rand Spofford, sugeriu que seu departamento fosse transformado no Registro de Direitos Autorais, e que os autores enviassem dois exemplares de cada obra com direitos reservados para a Biblioteca. Em pouco tempo, as estantes ficaram inundadas de livros, gravuras, foto-

Bellamy leva Langdon por duas das obras mais valiosas da Biblioteca, a Bíblia de Mainz, copiada a mão, e uma Bíblia impressa por Gutenberg, ambas da década de 1450. No teto, veem-se os murais de *The Evolution of the Book* [A Evolução do Livro], de John White Alexander (abaixo e à direita, embaixo).

Library of Congress, Prints & Photographs Division. Foto de Carol M. Highsmith.

grafias e outras obras. Foi autorizado um novo prédio, e aquele que hoje é conhecido como Thomas Jefferson Building, onde Langdon e Bellamy se refugiam, foi concluído em 1897. Seu esplendor é o resultado dos esforços de vários arquitetos e engenheiros, e de dois senadores que se dedicaram a angariar verbas e a administrar a Biblioteca. As contribuições de mais de cinquenta artistas ocupam o interior do prédio.

Hoje, a Biblioteca do Congresso contém aproximadamente 150 milhões de itens. Está em curso um projeto para digitalizar partes significativas do seu acervo e disponibilizá-lo na Internet.

Quando Bellamy e Langdon examinam a pirâmide, lá do alto, a Evolução das Civilizações fica sobre eles. *Foto: Library of Congress, Prints & Photographs Division. Foto de Carol M. Highsmith.*

Bellamy e Langdon entram na Sala de Leitura Principal, um lugar espetacular, mas que não parece oferecer muito refúgio. *Foto: Library of Congress, Prints & Photographs Division. Foto de Carol M. Highsmith.*

Na série de dezesseis estátuas na balaustrada da Sala de Leitura, há uma de Moisés. Os chifres dessa figura, há muito um elemento tradicional das representações de Moisés, provocam uma discussão entre Langdon e Bellamy sobre como um erro simples, neste caso uma tradução equivocada do hebraico para o latim, pode reverberar através da história. *Foto: Library of Congress, Prints & Photographs Division. Foto de Carol M. Highsmith.*

Com Katherine Solomon tentando desesperadamente entrar pela porta da frente, Bellamy e Langdon atravessam o Grande Saguão para deixá-la entrar. *Foto: Library of Congress, Prints & Photographs Division. Foto de Carol M. Highsmith.*

Normalmente, a biblioteca fica fechada à noite, mas os personagens de *O Símbolo Perdido* veem nela um local hospitaleiro enquanto tentam decifrar os antigos mistérios. *Library of Congress, Prints & Photographs Division. Foto de Carol M. Highsmith.*

CAPÍTULO 3
Pierre L'Enfant e a Fundação da Cidade de Washington

A Constituição dos Estados Unidos da América, Artigo I. Seção 8.

Será da competência do Congresso... exercer o poder legiferante exclusivo no distrito (não excedente a dez milhas quadradas) que, cedido por determinados Estados e aceito pelo Congresso, se torne a sede do Governo dos Estados Unidos...

O Grande Jantar *por Michael Bober*

Michael Bober é cineasta e produziu dois documentários sobre a Revolução Americana, Favorite Son: Alexander Hamilton *[Filho Predileto: Alexander Hamilton] e* The Making of Mary Silliman's War *[Como Foi Feita a Guerra de Mary Silliman].*

Os criadores da Constituição estavam cientes de que o Congresso e os outros órgãos do governo federal precisavam de um local permanente. Desde o Primeiro Congresso Continental em 1774, os legisladores estavam sempre apressados, não apenas por causa das tropas britânicas, mas de veteranos norte-americanos furiosos que exigiam seu pagamento por serviços prestados durante a Revolução. Talvez essa história de medo e exílio tenha inspirado o Artigo I, Seção 8, da Constituição dos EUA, que concedia ao Congresso amplos poderes sobre o distrito federal que incluiria a capital.

O primeiro Congresso dos Estados Unidos reuniu-se em 1789 em Nova York, e não seria inconcebível que tivesse permanecido por lá. O distrito de dez milhas quadradas proposto pela Constituição poderia ter abrangido facilmente boa parte de Manhattan e porções do Brooklyn e de Nova Jersey, controlando os rios e o porto de Nova York. É tentador imaginar o estado

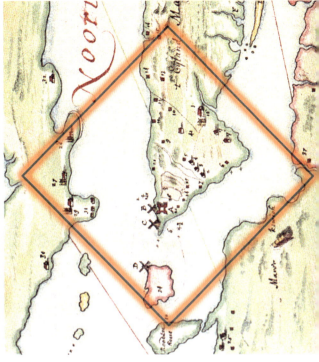

Um "distrito federal" com um quadrilátero de dez milhas quadradas (25,9 km²) com a parte de baixo de Manhattan no centro, superposto a um antigo mapa holandês. *Michael Bober e Laura Smyth.*

À esquerda, o projeto de L'Enfant, 1791.

dos políticos norte-americanos no século XXI se moradores de Nova York, do Brooklyn e de Nova Jersey estivessem sujeitos ao "Poder" do Congresso "em qualquer hipótese" e lhes fosse negado o direito ao voto.

Mas essa fama fora reservada ao povo da cidade de Washington, principalmente em função de um acordo entre o secretário do Tesouro do presidente Washington, Alexander Hamilton, e seu secretário de Estado, Thomas Jefferson.

Hamilton e Jefferson, prestes a iniciarem uma década de oposição em todas as questões políticas e filosóficas suscitadas nos primórdios da República, nunca tinham se encontrado quando Jefferson chegou em Nova York, a primeira capital, em março de 1790.

Hamilton já estava envolvido com o Congresso numa questão que dividia ânimos – se cada estado permaneceria responsável pelos débitos incorridos durante a Guerra da Independência, ou se, como ele propôs, o novo governo federal os assumiria. Para Hamilton, a coesão, o potencial econômico e a própria sobrevivência dos Estados Unidos dependia de que o governo federal assumisse as dívidas estaduais.

O Congresso viu-se engessado por causa de outro problema, e os sentimentos que o cercavam foram bem descritos por Henry Cabot Lodge, senador e historiador do início a meados do século XX:

> Essa questão da sede do governo tinha provocado grande controvérsia e atritos entre Estados e seções. Se a futura capital seria em Nova York ou na Pensilvânia, na Virgínia ou em Maryland; se essa dádiva inestimável deveria ficar no Norte ou no Sul é um ponto que ficou em segundo lugar, perdendo apenas para as hipóteses. Preconceitos locais e orgulho local envolvendo essa crucial questão atingiram um ponto crítico.

Para Hamilton, isso tudo era sumamente indiferente...

> Embora ele tivesse uma opinião pura e intensamente nacional, aferrando-se com dedicação aos Estados Unidos, não tinha nenhum sentimento local ou estadual. Não há evidências de que ele ligasse a mínima, exceto como questão de conveniência abstrata, para o lugar onde o Congresso fixaria a capital federal.

Em pouco tempo, o secretário Jefferson se familiarizou com seu colega de gabinete. Em sua autobiografia, ele narra um dos primeiros encontros entre ambos:

> Hamilton estava desesperado... Ele pintara pateticamente a têmpera com que a legislatura fora forjada, o desgosto daqueles que eram chamados de estados Credores, o perigo da secessão de seus membros e da separação dos estados. Ele observou que os membros da administração precisavam atuar em concerto, e... era possível que se eu apelasse para o bom julgamento e o discernimento de alguns de meus amigos, eu poderia provocar uma mudança...
>
> Eu lhe disse que, se corrêssemos o risco de dissolver nossa união naquele estágio incipiente, eu a consideraria a mais desafortunada das consequências... entretanto, eu lhe propus que fôssemos jantar no dia seguinte, e eu convidaria um ou dois amigos... e imaginei que seria impossível que homens sensatos, trocando ideias friamente, pudessem deixar, graças a alguns sacrifícios mútuos de opinião, de chegar a um compromisso que poderia salvar a união.
>
> Têm havido propostas para fixar a sede do governo na Filadélfia, ou em Georgetown, no Potomac; e alguns imaginaram que, se cedessem [a capital] à Filadélfia por dez anos, e depois a Georgetown em caráter permanente, isso poderia, como um anódino, aplacar a questão.

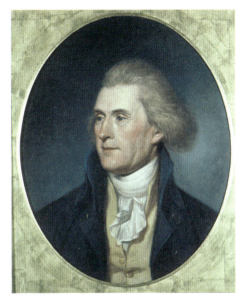

Thomas Jefferson por Charles Wilson Peale. *Independence National Historical Park.*

Jefferson chegou a pensar que Hamilton ficaria com a melhor parte do

EM 15 DE ABRIL DE 1791,

a pedra mais meridional – a "base" do diamante do Distrito de Colúmbia – foi cerimoniosamente assentada em Jones Point em Alexandria, Virgínia. Um astrônomo afro-americano, Benjamin Banneker, fez as observações celestes necessárias para se obter a localização exata. As pedras subsequentes foram assentadas em intervalos de uma milha (1.609 m) em torno da periferia do Distrito.

Os marcos limítrofes foram um problema no século XIX, pois muitos foram depredados ou furtados. Em 1915, o capítulo da cidade de Washington das Filhas da Revolução Americana assumiu a responsabilidade por sua proteção.

A história e as localizações exatas das pedras podem ser vistas em www.boundarystones.org.

Este mapa da época da Guerra Civil (1862) mostra os limites originais do distrito federal, apesar do fato de que o lado ocidental do Potomac tinha sido devolvido à Virgínia em 1846. Ele também mostra as fortificações que defendiam Washington da Confederação – motivo pelo qual o Departamento de Guerra retirou-o das lojas dois dias depois de tê-lo posto à venda por engano.

À direita: O marco limítrofe da "base" em Jones Point Lighthouse, Alexandria, Virgínia.
À extrema direita: Uma vista da direção sul sobre o marco limítrofe no Potomac, indo para Mount Vernon, de George Washington.

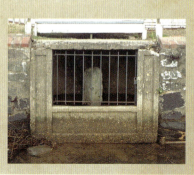

acordo. De fato, como Lodge deixou claro, ele não estava, realmente, abrindo mão de nada.

Sem dúvida, Hamilton sabia do desejo do presidente Washington de situar a capital no Potomac, perto de sua amada propriedade em Mount Vernon. De fato, não teria sido político por parte do secretário do Tesouro deixar de atender seu Chefe numa questão delicada como essa. Washington via no Potomac a futura via para o oeste – o vale do Ohio – acreditando que podia ser uma grande rota comercial. É até possível que Hamilton tenha sido favorável a uma capital remota, onde o governo federal podia exercer plenamente seus poderes sem se perturbar muito com arraigados interesses regionais.

Fossem quais fossem os motivos, o congressista James Madison, o outro convidado especial na mesa de Jefferson naquela noite além de Hamilton, demonstrou sua oposição a que o governo assumisse as dívidas estaduais, e, com o apoio de Jefferson, conseguiu que a delegação da Virgínia se alinhasse com essa posição. Enquanto isso, Hamilton convencia os representantes de Nova York a apoiarem uma capital mais ao sul.

No dia 1º de julho de 1790, o Senado votou, com 14 representantes a favor e 12 contra, a favor de localizar a capital federal permanente no lado de Maryland do rio Potomac. Em 9 de julho, a Câmara concordou com 32 votos a favor e 29 contra, e, em 16 de julho, o presidente Washington assinou a Lei da Residência, estabelecendo a capital.

Pode-se dizer que Alexander Hamilton preside o Departamento do Tesouro até hoje. Na base da estátua acham-se as palavras de Daniel Webster sobre Hamilton: "Ele golpeou a pedra dos recursos nacionais e abundantes rios de receita saíram dela. Ele tocou o cadáver do crédito público e o fez ficar em pé novamente".

Pierre L'Enfant Projeta a Capital Federal *por Michael Bober*

O presidente Washington orientou pessoalmente o desenvolvimento da nova capital. Ele estudou diversos pontos ao longo do Potomac e decidiu-se por um trecho entre o porto de Georgetown, Maryland, e o estuário do rio Anacostia. Alexandria, Virgínia, onde o presidente possuía terras, também estava dentro dos limites em forma de losango do Distrito Federal, mas não haveria nenhuma construção governamental lá. Washington estava decidido a afastar qualquer insinuação de interesse pessoal enquanto presidia a criação da capital federal.

O presidente criou uma comissão e pediu ao major Andrew Ellicott para fazer um levantamento topográfico e um mapa. Depois, escolheu Pierre L'Enfant para projetar a cidade e para ser seu principal arquiteto. L'Enfant nasceu na França, e seu pai era pintor

George Town e a Cidade Federal, ou Cidade de Washington por T. Cartwright, 1801.

na corte de Luís XV; serviu ao lado de Lafayette durante a Guerra da Independência, e acabou participando da equipe do general Washington. Como engenheiro e arquiteto, L'Enfant esteve por trás de qualquer projeto digno de menção daquela época, como a conversão do prédio da prefeitura de Nova York em sede do governo federal, local da posse de Washington e sede do Primeiro Congresso.

A visão de L'Enfant se estendia até o futuro:

Esta imagem de Pierre L'Enfant, criada por Sarah De Hart em 1785, é a única conhecida feita com base no próprio Pierre em vida. *United States Department of State.*

> Nenhuma nação deve ter tido antes a oportunidade de decidir voluntariamente sobre o local onde sua capital seria estabelecida... Os projetos devem ser feitos numa escala tal que deixem espaço para o engrandecimento e o aprimoramento que o aumento da riqueza do país permitam-no adquirir em qualquer época, por mais remota que seja.

L'Enfant escolheu os locais para o Capitólio e a Casa Presidencial, e visualizou um grande bulevar a uni-los:

> Todo grande edifício deve ser amparado pelo aspecto majestoso do Campo à sua volta e deve poder ser visto facilmente a uma distância de trinta quilômetros... A Cidade Federal deve crescer sozinha e espalhar-se como os galhos de uma árvore.

Em agosto de 1791, L'Enfant apresentou seu projeto urbanístico completo para Washington e Jefferson. Grandes avenidas radiais "que levam a lugares importantes" – superpostas a um traçado retangular, mais convencional – proporcionavam uma "visão recíproca" e "um rápido trajeto a todas as partes da cidade, à qual elas servirão como as artérias principais no corpo animal". Praças públicas, monumentos e fontes ocupariam as interseções das avenidas e rodeariam os edifícios governamentais.

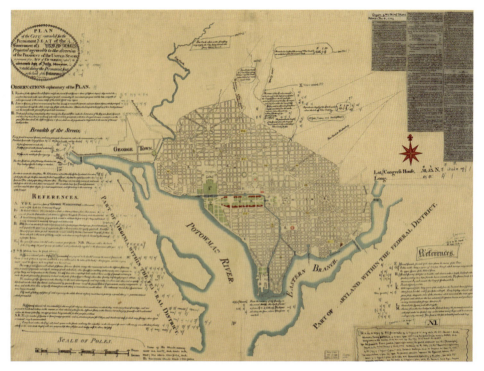

"Plano da cidade destinada à sede permanente do governo dos Estados Unidos." O projeto de L'Enfant de 1791, juntamente com as anotações de Jefferson, estão incluídas neste fac-símile criado pelo U. S. Coast and Geodetic Survey em 1887.

Tanto o presidente quanto seu secretário de Estado ficaram encantados com sua magnificência.

Enquanto isso, os comissários indicados por Washington concordaram em que propriedades federais deveriam ser leiloadas para particulares a fim de se obter verbas para a construção da cidade.

L'Enfant percebeu imediatamente que essa proposta de um padrão "xadrez" com terrenos públicos e particulares seria fatal para seu projeto.

Daria terreno fértil para incontáveis discussões entre vizinhos, impedindo o progresso de grandes obras públicas. Ele percebeu que o interesse da Comissão era meramente pecuniário, enquanto sua visão contemplava as dimensões históricas da nova República – a grandiosidade singular, apropriada à Capital dos Estados Unidos.

L'Enfant recusou-se a emprestar seu mapa para a primeira venda de lotes. Depois, entrou em conflito com o sobrinho de um comissário, que tinha começado a construir uma casa que, segundo L'Enfant, obstruiria a futura rota diagonal da New Jersey Avenue. Depois de uma troca de ameaças, L'Enfant disse à Comissão:

> Com respeito à casa do sr. Carroll... mandei ontem pela manhã alguns funcionários ao local... O telhado já foi desmontado, bem como parte das paredes de tijolos, e espero que o restante esteja no chão antes do término desta semana.

Os comissários disseram a Washington que L'Enfant havia demolido a casa do sr. Carroll, embora ainda "expressassem a esperança de que o caso possa ser ajustado, a fim de não Perdermos seus serviços".

Washington, que conhecia bem o temperamento de L'Enfant, pediu que os comissários o tolerassem:

> Seu orgulho seria gratificado, e sua ambição excitada, com esse sinal de sua confiança. Se... ele abandonasse a empreitada, não tenho escrúpulos em declarar a vocês (embora não queira que ele saiba disso) que não sei onde poderíamos encontrar outro para ocupar o seu lugar.

Esta cópia de *A Família de Washington* de Edward Savage mostra Marta Washington apontando para um mapa da Cidade Capital, como costumava ser chamada na década de 1790. *DeWint House, Tappan, NY.*

Para o próprio L'Enfant, o presidente mandou um aviso:

> Só posso informá-lo uma vez, e agora em definitivo, que toda questão ou assunto que tenha relação com o distrito federal, e a cidade dentro dele, deve ser tratada com a Comissão indicada.

Sem disposição para se submeter, L'Enfant renunciou "à busca da fama que o sucesso do empreendimento deve trazer, para não ter de me conduzir sob um sistema que não só... impediria seu crescimento, como faria com que eu parecesse o principal causador de sua destruição".

Informado de que seus serviços não seriam mais necessários, L'Enfant rejeitou uma oferta de pagamento de US$ 2.500, pedindo um valor muito maior. Depois de oito anos, ele acabou aceitando o dinheiro, dizendo ao presidente Jefferson, em 1801, que "a única crítica a que posso estar sujeito... é ter sido mais fiel a um princípio do que à ambição". L'Enfant morreu em 1825, na pobreza e na obscuridade.

Privado dos serviços de L'Enfant como arquiteto, o secretário de Estado Jefferson solicitou propostas de projetos para o Capitólio e a casa do presidente. Passaram-se três meses sem que aparecesse um projeto sequer. Finalmente, quando foi aceito um projeto para o Capitólio, começaram os problemas de execução. No dia em que Washington assentou a pedra angular do Capitólio – 17 de setembro de 1793 – sua forma futura ainda era desconhecida. O Capitólio demorou 71 anos para ser construído.

Do mesmo modo, a obra da casa para a qual o presidente Jefferson se mudou depois de ser eleito em 1800 estava longe de ser concluída. Sofrendo grandes danos com os ataques

O National Mall,* visto da escadaria oeste do Capitólio, que os presidentes agora usam para chegar ao pórtico em suas posses. O National Mall pode acomodar multidões com bem mais de um milhão de pessoas.

---

* O National Mall (em português, "Passeio Nacional") é um Parque Nacional no formato de uma longa praça com espaço localizado a céu aberto de jardins, chafarizes, árvores e monumentos que vai do Capitólio até o Monumento de Washington e fica localizado no centro administrativo de Washington, DC, a Capital dos Estados Unidos da América.

britânicos na guerra de 1812, a Casa Branca só ficou pronta em 1833.

E o projeto de L'Enfant só tornou a ser cogitado em 1901. Uma nova comissão federal acabou pondo muitas de suas ideias em prática. O National Mall foi ampliado e tornou-se o que L'Enfant queria, "um lugar de reunião geral", um espaço público para a nação. A deferência com que os renomados arquitetos da comissão – Daniel Burnham, Charles McKim e Frederick Law Olmstead Jr. – trataram a grandiosa visão original de L'Enfant restaurou seu bom nome. Em 1909, seus restos foram transferidos para um túmulo no alto do Cemitério Nacional de Arlington, com vista para a Cidade Capital, com cuja forma ele sonhara antes.

O túmulo de L'Enfant no Cemitério Nacional de Arlington.

Pierre L'Enfant e a Geometria Sagrada da Cidade de Washington

por Nicholas R. Mann

Nicholas R. Mann é autor de The Sacred Geometry of Washington, D.C.

Em seu projeto para a cidade capital do Novo Mundo, o arquiteto do século XVIII, major Pierre Charles L'Enfant, seguiu o padrão arquitetônico da re-"Criação do mundo", estabelecendo primeiro um novo centro mundial, um *axis mundi*, no local do Capitólio norte-americano, a Casa do Congresso. L'Enfant pensou no Capitólio como um ponto de origem primário no centro do novo país, com um eixo vertical e dois eixos horizontais passando por ele. Ele estabeleceu um eixo leste-oeste por Washington com o National Mall e a East Capitol Street, e um eixo norte-sul, que deveria funcionar adicionalmente como um novo meridiano global, um novo "grau zero", passando pelas ruas North Capitol e South Capitol. Como se sabe muito bem na Maçonaria, essa criação da definição simbólica do centro do mundo e das seis direções é o primeiro passo em qualquer geometria sagrada tradicional. Marcar o centro e as direções cardinais eram os primeiros atos no assentamento altamente ritualístico

A rosa dos ventos no chão da cripta do Capitólio, sob a Rotunda, assinala o meridiano zero do projeto da cidade, e, simbolicamente, de toda a nação. A cripta destinava-se a conter o túmulo de George Washington, mas seus restos nunca foram trasladados de Mount Vernon.

e geométrico de qualquer templo na tradição arquitetônica clássica, egípcia, hindu e outras.

As medidas tomadas por L'Enfant em seguida demonstram que ele usou a proporção singular da Seção Dourada para determinar o posicionamento das avenidas, das praças, da Casa Branca, da Corte Suprema, dos monumentos, dos memoriais, das ruas, dos bairros comerciais, da Prefeitura e das Cortes Distritais da cidade. Por meio de um complexo exercício sobre a natureza pentagonal da geometria tradicional da Seção Dourada, o arquiteto francês criou um "gabarito" – um *Novus Ordo Seclorum* ou uma "nova ordem das eras" – para a Cidade Capital da nova república norte-americana. Sua imaginação foi excitada diante da oportunidade única de estabelecer um centro e uma ordem ideal de disposição para um país que ele nunca tinha visto antes, e as evidências mostram claramente que L'Enfant seguiu a prática da antiga tradição arquitetônica...

A partir de suas ideias e de seus textos, como seus relatórios para o presidente Washington, fica evidente que, embora L'Enfant fosse um idealista e um cavalheiro, ele também era um soldado, um engenheiro e um homem de ação. Era também um individualista e um iconoclasta, pois rejeitava os valores imperialistas e religiosos da velha Europa. Em nenhum de seus textos L'Enfant diz que aplicou princípios geométricos predeterminados, tampouco ideias religiosas, maçônicas ou neoclássicas, ou que preferia um projeto urbano existente, ou um ponto de vista metafísico específico. Pelo contrário: as evidências sugerem que ele se esforçou para rejeitar esses padrões; declarou, por exemplo, que não precisava dos projetos de cidades europeias apresentados por Jefferson. Sempre insistiu na aplicação de suas posições originais.

Apesar de suas tendências aristocráticas inatas (tendências que acabaram causando sua queda), L'Enfant não quis participar dos valores religiosos, monárquicos, imperialistas e velhomundistas dos quais sua nova nação havia se libertado recentemente. Suas simpatias recaíam todas sobre os ideais norte-americanos da nova República democrática, e também com o novo senso emergente de que seu destino como nação estaria associado com o poder natural de sua vasta paisagem. Ele buscou expressar esses ideais no projeto de uma nova cidade visionária. Por ter fundamentado a base desse projeto nas razões naturalmente recorrentes da Seção Dourada, fiel a seu caráter inflexível, ele não tolerava nenhum desvio da ordem que fazia do projeto como um todo...

L'Enfant... encontrou a inspiração para suas formas arquitetônicas na natureza. L'Enfant observou, analisou, desenhou e viveu com a paisagem durante seus muitos anos no Exército Revolucionário, e rapidamente se afeiçoou ao lugar que se tornaria a cidade de Washington. Como muitos autores já comentaram, na década de 1790 L'Enfant estava no auge de seus poderes físicos – natureza, percepção, imaginação, intuição, mente e corpo funcionavam como um só. Ele havia lutado na guerra, fora ferido, fora feito prisioneiro pelos ingleses, jantara com os generais e ficara amigo dos poderosos. Agora, suas crenças pessoais se conformavam plenamente com sua experiência da formação da nova nação americana. Ele não impôs uma grade ou qualquer ordem mental pré-concebida na paisagem, e abandonou convenções estéticas que estreitavam a expressão artística ao serviço de uma monarquia, ou de ideias imbuídas de consciência de classe, como "pitorescas". Em sua busca pelo "realmente grandioso e verdadeiramente belo", parece que L'Enfant encontrou, na paisagem de Goose Creek e de Jenkins Hill, formas evocativas, ou mesmo sublimes, que iriam moldar um grande, poderoso e próspero destino para a América...

Talvez nunca encontremos evidências que confirmem as fontes específicas da inspiração de L'Enfant. Uma ordem geométrica tradicional orienta claramente seu projeto da cidade; mas o modo pelo qual ela foi usada indica uma abordagem original e aberta – a assinatura de um verdadeiro artista. L'Enfant usou bom senso no tratamento da topografia da cidade, da consciência do povo norte-americano e do seu próprio gênio criativo. Quando o arquiteto cruzou e tornou a cruzar a paisagem da futura cidade, suas diversas formas inspiraram uma nova e intensa síntese da política e do lugar.

Embora um pouco fora do eixo leste-oeste imaginado por L'Enfant, o National Mall, no equinócio, apresenta um nascer do sol sobre o Capitólio e um ocaso sobre o Monumento a Washington.

ENCONTRANDO OS SÍMBOLOS PERDIDOS NA CIDADE DE WASHINGTON

Os Segredos dos Blocos

por Loren Coleman

Loren Coleman é criptozoologista, pessoa que estuda "animais ocultos". Ele é autor de muitos livros, inclusive Criptozoology A to Z, *e diretor do International Cryptozoology Museum de Portland, Maine.*

Dan Brown transformou um local que saiu da ficção científica e criaturas de mitologias antigas em um principal cenário e importantes personagens do seu novo livro.

O local é o Centro de Apoio dos Museus Smithsonian (CAMS), um local real, situado em Suitland, Maryland. Abrangendo 1,6 hectare e construído em cinco blocos, o CAMS tem um imenso espaço de armazenamento, 19 km de arquivos, com mais de 31 milhões de objetos. Volta e meia é comparado com a cena final do primeiro filme de Indiana Jones, *Os Caçadores da Arca Perdida*, na qual se mostra um amplo depósito armazenando todos os segredos já descobertos mas não revelados.

Brown emprega a estranha e singular natureza do CAMS em algumas de suas cenas mais dramáticas. O

Oposto: O *Alecton* tenta capturar uma lula gigante nas costas de Tenerife em 1861. *Ilustração de Sea Monster's Unmasked, de Harper Lee, Londres, 1884.*

CAMS está disposto numa série de zigue-zagues gigantescos, com um amplo corredor chamado de "A Rua" percorrendo seu centro como uma espinha dorsal, com escritórios e laboratórios de um lado, e os enormes blocos de armazenagem opostos a eles. Cada bloco é enorme, com três andares de altura e o tamanho de um campo de futebol americano. Todos são dotados de altos níveis de segurança, controle de temperatura (sempre em torno de 20° C) e umidade em 50%. E, tal como no romance, cada bloco é dotado de paredes isoladas de 45 cm de espessura, contidas numa "zona morta" que tem 60 cm de espessura para impedir que qualquer elemento daninho invada esse espaço.

O Centro de Apoio dos Museus foi inaugurado em maio de 1983, e o Galpão 5 foi acrescentado em 2005, ao preço de US$ 33 milhões. (Hmm, é interessante esse preço de US$ 33 milhões, com todo esse simbolismo maçônico do número 33 em *O Símbolo Perdido*).

Embora a ideia de um laboratório secreto dedicado às "ciências noéticas" no Galpão 5 do Centro seja completamente fictícia, os galpões reais abrigam, de fato, muitos tesouros incrivelmente maravilhosos. No roman-

Centro de Apoio dos Museus Smithsonian.
Copyright © Smithsonian Museum.

ce, e até há pouco tempo na vida real, o Galpão 3, chamado Galpão Molhado, é o lugar onde se encontraria a lula gigante que o Smithsonian tem em seu depósito. O orçamento governamental FY2009 revela que a coleção de "vertebrados, invertebrados e itens botânicos armazenados em álcool e outros fluidos" foi passada do Galpão 3 para o Galpão 5 em 2009.

No galpão "molhado" há milhões de espécimes em jarros, garrafas, tanques e tubos de vidro, todos preservados em álcool a 75%, cujo odor proporciona uma pista que salva a vida de Katherine Solomon no livro. Há, preservados no galpão molhado, lulas gigantes, conhecidas na antiguidade como o lendário Kraken. Desconhecidas da ciência até 1877, muito poucas foram encontradas mortas nas praias norte-americanas.

A lula gigante descrita no livro de Brown é fiel ao espécime de Massachusetts, muito bem conservado. Encontrado numa praia da ilha Plum no início da década de 1980, tinha um comprimento total de 2,7 metros. A lula da ilha Plum está agora na coleção do cientista Clyde Roper no Smithsonian, num total de quatro espécimes.

Brown não fala apenas de uma lula gigante, um *Architeuthis*, um animal outrora "lendário", em seu romance, mas de outro peixe antigo, um que se imaginava extinto há 65 milhões de anos até ser redescoberto em 1938. Este peixe, agora no novo galpão molhado, é o famoso celacanto.

O que esses peixes antigos recém-descobertos estão fazendo num romance sobre maçons, a cidade de Washington e ciências noéticas? Na verdade, apenas mais daquilo que Dan Brown gosta tanto de fazer – revelar verdades antigas.

Este celacanto, capturado em 1974 nas Ilhas Comoro, é apenas um dentre os 200 espécimes capturados desde que a espécie foi redescoberta em 1938. *Foto de Alberto Fernandez Fernandez.*

CAPÍTULO 4
Ciência Noética

O tema da consciência é tão vasto quanto o universo e tão próximo de nós quanto o sono.

Estrela V838 Mon. *Foto cortesia da NASA e de Hubble Heritage Team.*

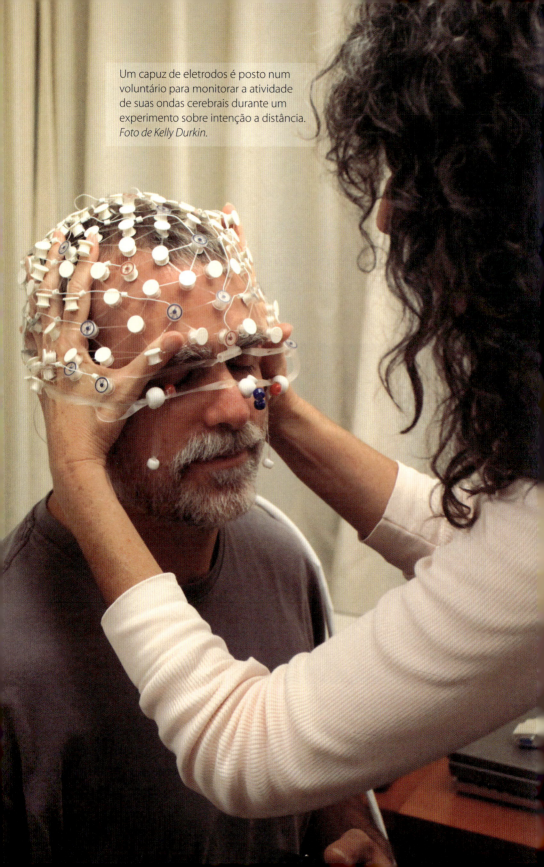

Um capuz de eletrodos é posto num voluntário para monitorar a atividade de suas ondas cerebrais durante um experimento sobre intenção a distância. *Foto de Kelly Durkin.*

Ciência Noética *por Edgar D. Mitchell*

O astronauta Edgar D. Mitchell fundou o Instituto de Ciências Noéticas pouco depois de voltar da Lua. Este texto foi extraído de sua Introdução e Conclusão a Psychic Exploration: A Challenge to Science *(organizado por John White).*

Em fevereiro de 1971, tive o privilégio de caminhar sobre a Lua como membro da expedição lunar Apolo 14. Durante a viagem, fiz um teste de percepção extrassensorial (PES), tentando enviar informações por via telepática para quatro receptores na Terra.

Desde então, as pessoas costumam me perguntar por que um astronauta se interessaria tão intensamente por um assunto ridicularizado e inaceitável em círculos científicos respeitáveis como a pesquisa psíquica.

É uma pergunta justa. Meu verdadeiro interesse é – e tem sido há muitos anos – compreender a natureza da consciência e da relação entre corpo e mente. A pesquisa psíquica é uma faceta desse todo maior. Portanto, é preciso dizer que simplesmente saí do espaço exterior e fui ao espaço interior.

O estudo da mente e da consciência é chamado de noética. A expressão vem da raiz grega *nous*, que significa "mente". Da maneira como é empregada normalmente, a noética se refere à compreensão simplesmente intelectual. Mas Platão falava do conhecimento noético como a forma mais elevada de conhecimento – uma cognição ou compreensão direta das verdades eternas que ultrapassam os processos discursivos normais do raciocínio lógico e intelectual. A palavra *ciência*, evidentemente, significava antes "conhecimento", mas passou a significar um tipo de conhecimento derivado do emprego das faculdades objetivas e racionais da mente. Mas habilidades psíquicas como a telepatia constituem outra forma de conhecimento – um conhecimento subjetivo, um processo cognitivo não racional que normalmente é negligenciado pelo mundo científico. A consciência parece ser o conceito unificador central por trás desses aspectos diferentes da mente. Logo, no espírito de sua origem grega, proponho usar o omega (Ω) como símbolo da consciência e da noética.

O tema da consciência é tão vasto quanto o universo e tão próximo de nós quanto o sono.

A noética é a disciplina que surge dessa confluência das pesquisas sobre o espaço exterior e o espaço interior. É a última fronteira na tentativa do homem de compreender a si mesmo e a natureza do universo.

Se analisarmos a história das tentativas feitas pela humanidade para perceber, conhecer e interpretar seu ambiente, veremos que nos últimos quatro séculos, como resultado do crescimento da metodologia científica, surgiu uma dicotomia formal entre os proponentes dos dois modos de conhecimento: o processo de observação objetiva (seguida pelo raciocínio dedutivo) e o processo de cognição direta. Esses modos opostos de percepção mostram-se em seu aspecto supremo e duro como o confronto entre ciência e religião, razão e intuição, racionalidade e não racionalidade, conhecimento objetivo e experiência subjetiva, e assim por diante. Só em tempos relativamente recentes é que estudiosos de ambas as tendências negaram ativa e veementemente a validade do outro processo. Na época pré-científica, ou os estudiosos concordavam com suas conclusões ou nem aceitavam a validade da observação, fosse externa ou interna. (É preciso acrescentar rapidamente que os mestres realmente grandes dos últimos tempos sempre admitiram esse processo dúplice.)

Portanto, embora identifique a consciência como a fronteira final na tentativa humana de se adquirir conhecimentos, ela não é, de modo algum, uma nova fronteira, pois, ao longo da história, as pessoas procuraram resolver as diferenças entre seus métodos objetivos e sua experiência subjetiva – entre o exterior e o interior. Esse estudo da mente e da consciência é a base comum desse esforço. O sistema vivo que chamamos de homem é um fenômeno holístico que exibe os dois modos de conhecimento.

Depois de 350 anos de divisionismo entre ciência e religião, estamos no limiar de uma nova era de conhecimentos e de cooperação. Deve estar óbvio que a observação e a razão objetivas não produzem, por si sós, uma ética de vida satisfatória – nem para o indivíduo, nem para os sistemas sociais. Os fatos divorciam-se dos valores, e a ação da necessidade.

Por outro lado, intuição e inspiração não produzem, por si sós, o acordo de que a sociedade precisa para produzir ordem, estrutura e sobrevivência no mundo material. Neste caso, geralmente a observação fica sujeita a interpretações individuais, segundo as tendências veladas do indivíduo.

O antagonismo entre os modos objetivo e subjetivo de conhecimento pode ser ilustrado de maneira prática. Em 1600, Giordano Bruno foi queimado na fogueira por teólogos, pois afirmou que a Terra não era o centro do sistema solar e que haveria outros sistemas solares com vida neles. Em 1972, a American Academy of Science afirmou que ciência e religião são "reinos do pensamento mutuamente excludentes", e que portanto a teoria da criação do Gênesis deveria ser mantida fora dos manuais científicos. Os papéis da ciência e da religião se inverteram no exemplo moderno, mas o mesmo dogmatismo míope atua para limitar as pesquisas em nome da negação pia de outros pontos de vista.

Pesquisas realizadas nos últimos cinquenta anos por pensadores pouco conhecidos, mas de visão ampla, mostram que existe um imenso potencial criativo na mente humana, quase todo ele desconhecido da ciência. Até agora, os processos cognitivos não racionais têm escapado à descrição científica. Contudo, esse potencial foi conhecido e descrito antes por alguns sábios e mestres religiosos iluminados, usando uma linguagem velada e pré-científica para expressar aquilo que descobriram por meios subjetivos, intuitivos e experimentais. Esta-

> **A direção apropriada de instrumentos e técnicas laboratoriais sofisticadas pode ser o meio pelo qual os mundos físico e metafísico se mostram como aspectos distintos da mesma realidade.**

mos, na minha opinião, no limiar da redescoberta e da redefinição desses conceitos e ideias por meio dos esforços objetivos, racionais e experimentais da ciência – se o dogmatismo e estruturas de crença ultrapassadas não o impedirem. A direção apropriada de instrumentos e técnicas laboratoriais sofisticadas pode ser o meio pelo qual os mundos físico e metafísico se mostram como aspectos distintos da mesma realidade. Se isso for demonstrado, seria irônico, mas adequado, que a tão propalada tecnologia e ciência materialistas, sem deus, levem à redescoberta da unidade essencial entre ciência e religião.

A noética percebe tudo isso. A noética é a fronteira de pesquisa onde a convergência entre objetividade e subjetividade, entre razão e intuição, está ocorrendo mais depressa. No estudo da consciência, as técnicas e tecnologia da ciência estão sendo combinadas com as visões superiores da mente do Oriente e do Ocidente, proporcionando uma nova metodologia para a pesquisa acadêmica. Pois está bem claro que a razão, isoladamente, não basta para nos compreendermos totalmente. Como diz Michael Polanyi, eminente filósofo da ciência, as descobertas científicas nem sempre seguem uma sequência de deduções perfeitamente lógicas. Na verdade, muitas descobertas envolvem intuições e palpites por parte do cientista, de um modo que não podemos explicar plenamente.

❖

Princípios sendo descobertos pela pesquisa noética demonstram a unidade subjacente entre ciência e religião. É a chave para transformar a consciência humana, levando do egoísmo estreito a um altruísmo cósmico, proporcionando com isso a base para soluções dos maiores problemas do mundo. Do ponto de vista noético, a existência do homem assume significado, e a pesquisa psíquica torna-se uma importante ferramenta na busca pela autocompreensão. A procura de significado envolve a retomada do autoconhecimento que seres iluminados tiveram antes de nós. "Quem sou eu?", perguntaram santos e sábios ao longo da história. Qual a natureza do eu, que pode ter consciência de estar consciente?

A pergunta "Quem sou eu" pode ser refeita como "O que é a consciência?" Aparentemente, a consciência é a essência do homem e do universo.

O propósito do homem é tornar-se mais consciente da natureza da consciência. Kathryn Breese-Whiting diz: "Os antigos diziam que Deus dorme no mineral, acorda no vegetal, caminha no animal e pensa no homem". Isso resume minha opinião de um modo muito bonito. Expandindo a consciência pessoal e tornando-a uma consciência transpessoal, pomo-nos de acordo com o funcionamento do universo. Sua existência torna-se preciosa para nós, porque somos ele. A Bíblia diz que, no início, Deus criou o céu e a terra. Ao observar a Terra do espaço, tornei a confirmar, graças à minha experiência pessoal, aquilo que dizem as antigas escrituras. Num espírito de integração e de harmonia, portanto, entre nosso aspecto racional, objetivo e experimental, e nosso aspecto intuitivo, subjetivo e experiencial, talvez possamos recriar aquele conceito profundo em linguagem moderna, como o marco de uma nova era:

"No princípio, a Consciência teve a intenção da matéria..."

À direita: Ed Mitchell na Lua, fevereiro de 1971. *Foto por SSPL/Getty Images.*

Rumo ao Homo Noeticus

por John White

Trecho extraído da introdução a Enlightenment 101 *com permissão do autor.*

Em 1972, associei-me ao astronauta da Apolo 14 Edgar Mitchell para estudar a mente humana e aplicar nossas descobertas a problemas planetários. A organização de pesquisas que ele fundou no ano seguinte foi chamada de Institute of Noetic Sciences (IONS, ou Instituto de Ciências Noéticas). *Noética* significa o estudo da consciência. Sugeri essa palavra para o nome do instituto numa de nossas reuniões de planejamento. Inspirei-me em seu uso graças ao dr. Charles Musés, editor do *Journal for the Study of Consciousness*, fundado por Arthur M. Young, autor de *The Reflexive Universe*, o qual, por sua vez, inspirou-se em Platão e em William James, com sua forma raiz, *nous*, tendo o significado de "mente superior" ou "mente suprema". Musés (1919-2000) usava a palavra desde 1967 para denotar a investigação científica de uma ampla variedade de fenômenos e de questões envolvendo a percepção humana. Em seu livro de 1972, *Consciousness and Reality*, Musés definiu a noética como "a ciência do estudo da consciência e de suas alterações".

Em 1978, o falecido dr. Willis Harman, na época presidente do IONS, acrescentou: "as ciências noéticas são... o núcleo esotérico de todas as religiões do mundo, ocidentais e orientais, antigas e modernas, que se torna exotérico" – ou seja, "torna-se público". E acrescentou: "Uma ciência noética – uma ciência da consciência e do mundo da experiência interior – é a mais promissora estrutura contemporânea na qual se pode dar continuidade àquela importante pesquisa que toda sociedade humana estável sempre teve de situar no centro de suas preocupações".

Criei a expressão *Homo noeticus* em 1973, pouco depois de termos organizado o IONS, para designar uma forma mais avançada de humanidade que vi emergindo por todo o planeta, caracterizada basicamente por um estado superior de consciência, um estado além da consciência egocêntrica. Como o psiquiatra canadense Richard M. Bucke disse de maneira tão poderosa em seu seminal livro de 1901, *Cosmic Consciousness*, "quando estamos sintonizados com a consciência do universo, tornamo-nos membros de uma nova espécie". Além disso, vi o processo de desenvolvimento humano superior como algo aberto essencialmente a toda a raça humana, democraticamente disponível para todas as pessoas, como desejou Deus. Despertar para esse potencial de crescimento autodirigido no corpo, na mente e no espírito e dirigir-se para um estado mais elevado da existência, foi, como acreditei (e ainda acredito), a solução verdadeira e permanente para muitos dos problemas mundiais que tentamos tratar no IONS – problemas chamados coletivamente de condição humana. De modo agudo e palpável, senti o destino agindo em mim e em toda a humanidade, impelido pela extraordinária inteligência divina que criou o universo e tudo que nele existe. Portanto, comecei a transmitir esse entendimento a fim de ajudar a despertar minha família, a humanidade, para seu futuro. *Homo noeticus* pareceu uma expressão útil para dar essa ideia. A mensagem pode ser dita de maneira bem simples: o potencial humano pode mudar a condição humana.

> **A mensagem pode ser dita de maneira bem simples: o potencial humano pode mudar a condição humana.**

Desde então, a expressão *Homo noeticus* vem sendo adotada por muita gente. Ela também tem sido criticada por algumas pessoas como algo impreciso e pouco científico, e como uma fantasia poética por outras. Admito que a expressão é imprecisa em termos científicos. Não sou um cientista – apenas um estudante da ciência. Tampouco sou um poeta, embora aprecie a sensibilidade e a visão dos poetas. Contudo, da maneira como a imaginei, a expressão *Homo noeticus* é, ao mesmo tempo, quase científica e quase poética. Denota um conceito que ainda precisamos demonstrar se é válido, o que só virá com o tempo; como tal, o que se pode dizer é que é uma hipótese instável, e, por isso, não científica. Entretanto, ela também transmite a atraente imagem de um futuro ideal, tal como os poetas apresentaram, que pode acabar se concretizando por si mesmo; e assim, o que se pode dizer é que a expressão é útil e valiosa porque aponta para o fato de que a visão é superior à razão na ordem de classificação das faculdades humanas, e pode impelir nossa atenção a agir, coisa que simples fatos não podem fazer.

Uma Entrevista com a Cientista Noética Marilyn Schlitz

A personagem Katherine Solomon foi formada a partir de diversas pessoas do campo das "Ciências Noéticas", mas ninguém se parece mais com ela do que Marilyn Schlitz, atual presidente do Instituto de Ciências Noéticas, em Petaluma, Califórnia.

Como você se sente tendo servido de inspiração, pelo menos em parte, para um dos principais personagens naquele que pode ser chamado de romance de maior vendagem de todos os tempos?
É como um sonho – qualquer um sonha com isso. Para mim, parece mesmo um sonho. De repente, meus colegas e eu nos tornamos parte do enredo do novo livro de Dan Brown. Mesmo assim, devo confessar que, apesar de não ter a pele olivácea, cabelos compridos, uma família rica e um sociopata maluco a me perseguir, há semelhanças excepcionais em nossas biografias.

É mesmo? Como assim?
Tanto meu pai como meu irmão eram maçons do 32º grau e membros do Rito Escocês. Cresci imaginando como seriam essas reuniões secretas só para homens. Meu pai e meu irmão

Foto de Kelly Durkin.

aprenderam símbolos misteriosos que não podiam ser compartilhados comigo, apesar de eu ter feito um monte de perguntas para sondá-los. Meu pai usava um típico anel maçônico, que ele deixou para meu irmão quando morreu, tal como na família de Katherine. Como cientistas noéticas, Katherine e eu temos um fascínio pelos poderes e potenciais da consciência. Nós duas temos seguido carreiras bem diferentes das convencionais e nós duas vivemos para nosso trabalho, como amigos e família podem confirmar.

Dan Brown sabia disso tudo? Ele manteve contato com você para pedir informações?
Não, mas depois que o livro foi publicado, recebemos uma cartinha muito amável dele, dizendo que é grande admirador do IONS, que gostaria de ter nos visitado antes mas que não podia fazê-lo por causa do sigilo envolvendo o livro, e que esperava que gostássemos da atenção que nosso trabalho despertou.

E há mais algum outro paralelo entre você e a personagem Katherine Solomon?
Como Katherine, minha carreira começou numa idade madura, 19 anos. E, desde o início, meu mentor foi um neurofisiologista que me apresentou a textos egípcios antigos e a modernas visões científicas sobre a consciência. Por ter me formado no Montieth College, Wayne State University, li Newton, Ptolomeu, Pitágoras e Copérnico, bem como sobre espiritismo, teosofia, parapsicologia e religiões comparadas. Como Katherine, procurei maneiras de criar uma mudança de paradigma nesta era moderna.

Comecei como parapsicóloga experimental, estudando a interface entre mente e matéria. Publiquei meu primeiro texto sobre visão remota em 1979; isso atraiu membros da equipe da CIA/DIA que faziam trabalhos reservados sobre fenômenos psíquicos.

Anos depois, passei a ter um acesso de alto nível graças a meus trabalhos no Cognitive Sciences Laboratory do SAIC, um grande centro de pesquisas patrocinado pelo governo, onde realizei pesquisas a respeito do poder da mente sobre a matéria. Embora meu trabalho nunca tenha sido classificado como restrito, é fácil imaginar a relação com a história fictícia de Katherine – sua pesquisa escondida dentro de uma rede secreta de inteligência.

Nas três últimas décadas, realizei estudos em laboratórios e em clínicas envolvendo intenção à distância, preces, estados alterados da consciência, práticas contemplativas, energias sutis e cura. Como o programa da ciência noética mostrado em *O Símbolo Perdido*, minhas pesquisas experimentais envolveram estudos a respeito da intenção à distância sobre sistemas vivos, inclusive micro-organismos, ratos e fisiologia humana. Minhas pesquisas relativas à influência mental à distância sobre sistemas vivos tem sido replicadas em laboratórios do mundo todo, fazendo com que supere a ficção e entre nas revistas científicas.

No livro, Dan Brown combina as pesquisas parapsicológicas de diversos grupos sob o nome geral de "ciência noética". A que tipo de pesquisa o IONS se dedica hoje?

Ficamos felizes por ver o trabalho de muitos colegas organizado sob o nome de Ciência Noética. E também ficamos contentes por saber que boa parte das pesquisas apresentadas no livro são do, ou em parceria com o, IONS. O cientista sênior Dean Radin fez o estudo sobre os cristais de água com Masaru Emoto que é mencionado no livro, e somos fiscais e patrocinadores do Global Consciousness Project administrado por Roger Nelson.

> **O foco sobre a consciência humana através das lentes da ciência pode levar a importantes mudanças em nossa compreensão da atividade humana...**

No IONS, nossos programas estão concentrados na compreensão da interface entre a consciência e a ciência. Organizamos nossos trabalhos em três áreas de programa principais, inclusive Consciência e Cura, Capacidades Humanas Estendidas e Novas Visões de Mundo. Realizamos e apoiamos pesquisa científica básica, tratando inclusive de crenças, intenções, visão de mundo, práticas contemplativas e transformação da consciência. Fazemos pesquisas aplicadas para examinar os benefícios (ou não) para a saúde de experiências noéticas e de práticas de transformação da consciência, inclusive um estudo subsidiado pelo NIH (National Institute of Health, ou Instituto Nacional de Saúde) de prece à distância e de efeitos de expectativa de pacientes submetidos a cirurgias e estudos de longo prazo sobre programas de treinamento transformador para pessoas sem-teto, gestantes com gravidez de risco e pessoas procurando reduzir o stress.

Traduzimos nossas descobertas em programas de educação continuada, para praticantes de técnicas de cura e de saúde e para estudantes, por meio de nosso novo programa de informação em cosmovisão para alunos das séries K a 12. Também somos uma organização que aceita sócios e que procura conectar pessoas, semeando ideias e ações que promovam transformações pessoais e coletivas de caráter positivo. Nosso website, noetics. org, é um lugar para toda e qualquer pessoa que deseje nos conhecer melhor... não um tesouro escondido, mas algo que está à vista de todos.

Como vocês reagiram ao fato de Dan Brown ter caracterizado a pesquisa noética como "tão avançada que nem sequer parecia mais ciência?"

Na época de Descartes, foi feito um acordo político entre cientistas e a igreja. A ciência estudaria o corpo, a

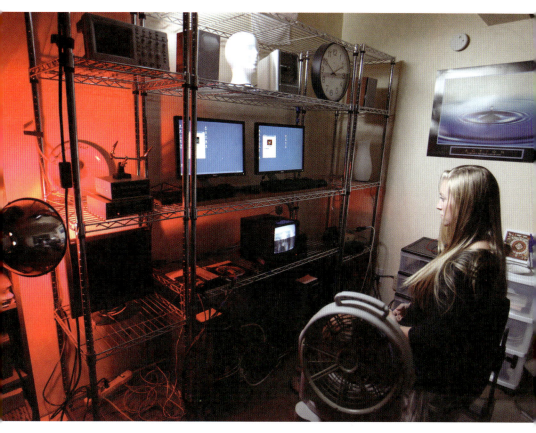

Uma voluntária num experimento de "olhar fixo" concentra sua intenção sobre a imagem de outra pessoa localizada numa câmara experimental eletricamente isolada. *Foto de Kelly Durkin.*

igreja ficaria com as dimensões interiores. Ainda estamos convivendo com o legado desse acordo. Por isso, é justo dizer que a ciência negligenciou a consciência, no mínimo. Num nível bem mais radical, a ciência desenvolveu uma visão de mundo segundo a qual os aspectos físicos e objetivos da realidade são os únicos domínios válidos para a pesquisa científica. O mero fato de se fazer uma pergunta como, "uma prece pode curar à distância?", é considerado muito radical. Fica claro que há guerras de paradigmas que limitam o escopo daquilo que é considerado "aceitável" na ciência e o fluxo de verbas para ideias que não se encaixam no materialismo convencional.

Você acha que Brown exagerou o potencial de seu trabalho quando disse que as descobertas da ciência noética contêm "as revelações científicas mais transformadoras da história humana"?

Concordo com Dan sobre as implicações do nosso trabalho e gostei do modo como ele conseguiu traduzi-lo numa instigante e dramática obra de ficção. Creio que é verdade que o foco sobre a consciência humana através das lentes da ciência pode levar a importantes mudanças em nossa compreensão da atividade humana, e criar novas soluções para problemas muito antigos. Naturalmente, já vimos outras importantes mudanças de paradigma através da história, mas ficamos contentes por sermos participantes num período de profundas transformações, com a possibilidade de ajudarmos a criar um mundo mais justo, compassivo e sustentável.

Dan Brown situa o laboratório de ciências noéticas de sua personagem no Instituto Smithsonian, especificamente no Centro de Apoio dos Museus. Você acha que o tipo de pesquisa que você faz chegará a ser aceitável o suficiente aos olhos do estabelecimento científico a ponto de seu trabalho poder ser realizado numa instituição tão prestigiada?

Bem, já apresentei palestras no Smithsonian, bem como nas Nações Unidas e nas universidades de Harvard e de Stanford. Meus colegas e eu também temos dado consultoria para diversos hospitais e sistemas médicos importantes. Embora não façamos parte do universo científico convencional, nosso trabalho é focalizado e relevante. Graças às nossas pesquisas, a nossos programas educacionais e nossos sócios, estamos ajudando as pessoas a navegar nesta era de desestabilização e a vislumbrar uma nova visão de mundo que combina percepções das tradições de sabedoria do mundo com o rigor e o discernimento da ciência moderna.

O Laboratório PEAR   *por Brenda Dunne*

Em O Símbolo Perdido, *a personagem Katherine Solomon parece ter sido baseada na cientista noética Marilyn Schlitz, e o de Trish Dunne em Brenda Dunne, cofundadora e administradora do laboratório Princeton Engineering Anomalies Research, que Dan Brown menciona rapidamente no livro.*

O programa Princeton Engineering Anomalies Research (PEAR) foi criado em 1979 na Escola de Engenharia e Ciência Aplicada da Universidade de Princeton sob a direção do professor Robert Jahn, um distinto engenheiro aeroespacial que foi diretor da faculdade de engenharia durante quinze anos. Seu propósito básico foi o estudo sistemático de uma seleção de fenômenos físicos anômalos relacionados com a consciência, potencialmente pertinentes a tecnologias contemporâneas e futuras de processamento de informações.

Como implica seu nome, o PEAR foi um empreendimento baseado numa faculdade, sob orientação da engenharia, rigorosamente voltado para pesquisas científicas, voltado para a compreensão dos processos fundamentais que contribuem para efeitos anômalos, suas implicações para diversas disciplinas acadêmicas e suas possíveis aplicações práticas. Desde sua criação, e durante sua história subsequente de 28 anos, o programa realizou muitos milhões de experimentos sob condições controladas, produzindo evidências convincentes

Tentando influenciar as características dinâmicas da turbulência de uma fonte iluminada. *Foto cortesia da ICRL, Inc.*

de que a consciência humana é capaz de influenciar processos físicos aleatórios e de acessar informações sobre locais geográficos remotos, sem recorrer a nenhum mecanismo físico conhecido.

Propomos modelos teóricos complementares para compreendermos melhor o papel da consciência no estabelecimento da realidade física. Os resultados desse extenso programa de pesquisas foram apresentados em mais de cinquenta publicações arquivísticas, e no livro *Margins of Reality*, originalmente publicado por Harcourt Brace Jovanovich em 1987 e recentemente republicado, agora pela ICRL Press.

O PEAR agora incorporou suas antigas e futuras operações na estrutura mais ampla do International Consciousness Research Laboratories (ICRL), uma organização sem fins lucrativos, e da Psyleron, Inc., empresa que desenvolve produtos e lida com propriedade intelectual de vasta abrangência, viabilizando a continuidade de pesquisas e a exploração pública de efeitos da mente sobre a matéria.

O propósito do ICRL é estender o trabalho do PEAR a uma gama mais aberta de estudos por meio de pesquisas básicas, meios educativos e aplicações pragmáticas; estimular uma nova geração de investigadores criativos a expandir os limites da compreensão científica; e fortalecer as bases da ciência resgatando sua herança espiritual.

Tentando alterar o ritmo de atenuação de um grande pêndulo de cristal. *Foto cortesia da ICRL, Inc.*

A Mente Global Existe? por Roger Nelson

Roger Nelson é psicólogo e diretor do Global Consciousness Project (GCP) [Projeto Consciência Global], ao qual Dan Brown se refere em seu livro. O website do projeto, em noosphere.princeton.edu, traz informações completas sobre a história, a tecnologia e os métodos do projeto, além de proporcionar ao público livre acesso ao banco de dados. O trecho a seguir foi extraído de um artigo publicado numa revista chamada EdgeScience, *edição de outubro de 2009, disponível em http://www.scientificexploration.org.*

A história mudou seu curso no final de 2001, quando o mundo assistiu chocado e horrorizado à queda das torres do World Trade Center, destruídas por aviões de passageiros transformados em bombas por terroristas. Foi um longo momento global de profundo compartilhamento emocional, com o choque e o medo transformando-se em angústia e, em última análise, em compaixão. No meio da tragédia, muitos puderam enxergar sinais de que a humanidade estava se tornando uma única entidade. Infelizmente, isso não aconteceu. Mas por um instante, houve uma poderosa convergência de pensamentos e emoções no planeta, algo que ficou claramente registrado em dados do Global Consciousness Project. Será que esse instrumento científico captou nossa coerência, a assinatura de uma mente global despertada subitamente pela intensa atividade sincronizada de nossas mentes locais?

O Global Consciousness Project, ou GCP, é uma colaboração internacional de cientistas que comandam um instrumento projetado para captar possíveis efeitos da consciência compartilhada, de maneira bastante similar

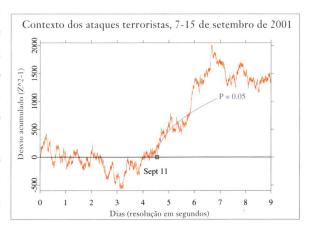

Uma semana de dados do GCP, com o curso normalmente aleatório mudando radicalmente em 11 de setembro de 2001. Começando um pouco antes dos ataques terroristas, os dados mostram uma tendência persistente por 50 horas, correlacionada com as emoções conjuntas de milhões de pessoas que reagiam à tragédia.

ao modo como experimentos em laboratório mostraram os efeitos da intenção sobre aparelhos eletrônicos sensíveis que geram números aleatórios. No laboratório, uma pessoa tenta alterar o comportamento de um Gerador de Números Aleatórios (GNA, que é um aparelho físico e não um programa de computador), levando-o a produzir números maiores ou menores – o equivalente a lançar uma moeda e obter um excesso de caras – simplesmente desejando ou querendo essa alteração. Os experimentos mostram que a intenção humana consegue induzir pequenas, mas significativas, mudanças na saída de um GNA. Quando levamos os mesmos instrumentos a campo, vemos que eles também reagem a momentos especiais de consciência coletiva, produzidos por experiências compartilhadas em rituais e cerimônias, ou inspirados por grandes músicas ou intensos encontros mentais.

O instrumento do GCP é uma rede de estações espalhadas pelo planeta, onde são coletados dados aleatórios. Ele usa a mesma tecnologia nos experimentos em laboratório e no campo, e faz a seguinte pergunta: Há uma estrutura não aleatória nos dados quando ocorrem grandes eventos?

Começamos a colecionar dados em agosto de 1998, preparados para criar um histórico de sequências aleatórias que poderiam ser correlacionadas com o histórico de eventos importantes no cenário mundial. Tínhamos algumas perguntas muito boas para fazer. Haveria alguma coisa interligando a todos nós, mesmo sem estarmos conscientes disso? Naturalmente, os sábios têm dito isso desde sempre, mas será que poderíamos conseguir evidências disso "no papel", de forma científica? Será que a Terra teria uma reação holística àquilo que acontece com suas populações de seres vivos? Será que identificaríamos uma mente global?

Com a contribuição de mais de cem cientistas, engenheiros, artistas e amigos espalhados pelo

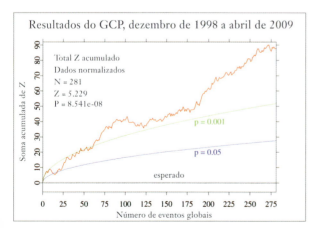

Resultado composto para 280 testes independentes da hipótese de que será encontrada uma estrutura na gama de dados aleatórios correlacionados com importantes eventos globais. Os resultados ficaram bem acima da expectativa (linha preta).

globo, o projeto cresceu e, em poucos anos, chegou a 65 pontos com *eggs* (chamamos nossos aparelhos GNA de EGGS, sigla para EletroGaiaGramas), cada um informando dados de maneira contínua, em lugares que vão do Alasca a Fiji, em todos os continentes habitados e em quase todos os fusos horários. O resultado é um instrumento de pesquisa construído como uma rede distribuída de aparelhos, que, aparentemente, podem ser afetados pela consciência humana sob condições especiais. Seu propósito consiste em reunir evidências e estudar indícios do sutil alcance da consciência no mundo físico numa escala global. A hipótese geral que propomos é que a gama de dados aleatórios fornecidos pelo instrumento do GCP ficará não aleatória durante "eventos globais". Prevemos distanciamentos do esperado quando há um amplo e profundo compartilhamento de reações mentais e emocionais.

A proposta foi posta à prova numa série de testes de hipóteses rigorosamente formais. Registramos mais de 280 experimentos formais desde o início de 2009. Combinando-se os eventos, o efeito GCP implica que o comportamento dos GNAs separados por distâncias globais torna-se correlacionado durante eventos importantes para os seres humanos. Este é um resultado profundamente misterioso, que estimula a imaginação científica. Os resultados confirmam nossa hipótese em uns dois terços dos casos, e mostram-se significativos em uns 20% dos eventos (5% seria o resultado esperado pelo acaso). As estatísticas globais para o projeto indicam chances de cerca de uma em 20 milhões de que a correlação entre nossos dados e eventos globais seja meramente uma flutuação devida ao acaso, e podemos excluir explicações mundanas como radiação eletromagnética, demanda excessiva da rede elétrica ou o uso de telefones celulares. Embora isso não possa ser considerado uma prova do despertar da consciência global, é sugestivo. De qualquer maneira, os resultados apresentam definitivamente enigmas desafiadores para a física e a psicologia.

Ainda não sabemos explicar as correlações entre eventos importantes para humanos e os dados do GCP, mas elas estão bastante claras. Elas sugerem algo semelhante à imagem que todas as culturas têm de uma unidade, uma interconexão fundamental para a vida. Nosso esforço para compreender esses dados complexos pode contribuir para nos aprofundarmos no papel da mente como força criativa no mundo, capaz de manifestar intenções e de evoluir conscientemente.

DENTRO DA MENTE GLOBAL ENTRELAÇADA
por Dean Radin

Dean Radin é cientista sênior do Instituto de Ciências Noéticas e autor de Entangled Minds: Extrasensory Experiences in a Quantum Reality, *do qual este trecho foi extraído.*

Para ver o mundo num grão de areia
E o céu numa flor silvestre,
Segura o infinito na palma da tua mão
E a eternidade numa hora.

—WILLIAM BLAKE

O poema de Blake sugere como a mente entrelaçada pode ver o mundo. Para mim, a descrição de Blake aponta na direção certa para compreendermos o fator psi. Num nível da realidade mais profundo do que nossos sentidos comuns podem compreender, nossos cérebros e mentes estão em íntima comunhão com o universo. É como se vivêssemos numa gigantesca vasilha de gelatina transparente. Cada tremor, cada movimento, acontecimento e pensamento em seu meio é sentido em toda a vasilha. Só que essa forma específica de gelatina é um meio um tanto quanto peculiar, pois não está localizada da maneira habitual, nem é molenga como a gelatina comum. Ela se estende para além dos limites do tempo e do espaço comuns, e nem é uma substância no sentido habitual dessa palavra.

Por causa dessa "gelatina não local" na qual estamos mergulhados, podemos ter vislumbres de informação acerca da mente de outras pessoas, de objetos distantes, do futuro ou do passado. Não obtemos essa informação por meio dos sentidos comuns, nem porque sinais dessas outras mentes e objetos viajam até a nossa mente, mas porque, em algum nível, nossa mente/cérebro já coexiste com a mente de outras pessoas, com objetos distantes e com tudo o que existe. Para navegar por esse espaço, usamos atenção e intenção. Nesta perspectiva, as experiências psíquicas são reposicionadas, não como misteriosos "poderes da mente", mas como vislumbres momentâneos do tecido entrelaçado da realidade.

Talvez o psi não envolva nenhuma transferência de informação. Talvez seja puramente relacional e se manifeste apenas na forma de correlações. Para explicar isso com mais detalhes, vamos presumir que nossos corpos, mentes e cérebros estão entrelaçados num universo holístico. Não é necessário presumir que a mente é fundamentalmente distinta do cérebro, nem a ideia mais radical de que a realidade é criada pela consciência. Basta imaginar que a mente/cérebro se comporta como um objeto quântico. Imagine que nossa mente/cérebro seja sensível ao estado dinâmico do universo. Há um número extraordinário de eventos aos quais poderíamos reagir, mas a grande maioria deles pode ser considerada como ruído de fundo. Além do lugar onde seu corpo está, talvez você se interesse por uns outros dez lugares ou eventos no universo num dado momento, todos eles relativamente próximos de você no tempo e no espaço.

Alguma parcela de sua mente inconsciente presta atenção, o tempo todo, nesses locais selecionados. Se, de repente, você ouvir seu nome mencionado numa ruidosa festa, você ficará conscientemente a par de itens interessantes por meio de sua capacidade inconsciente de rastreamento. Boa parte de sua percepção consciente é movida por estímulos sensoriais. Esse estado cerebral ligado aos sentidos também está entrelaçado com o restante do universo e é influenciado por ele, mas seus efeitos locais são tão mais fortes e imediatos do que nossa percepção "de fundo" que só em raras ocasiões ficamos conscientes de sua natureza entrelaçada. Alguns indivíduos dotados são capazes de direcionar sua percepção consciente à vontade para navegar pelo inconsciente entrelaçado, mas mesmo eles têm dificuldades para manter esse estado por muito tempo, pois o ato de ver perturba aquilo que

é visto. Para os demais, temos de confiar em nossa mente inconsciente para prestar atenção nesses fugazes acontecimentos interessantes.

Ocasionalmente, se um ente querido está em perigo, aquela parte de seu inconsciente que esteve cuidando do ambiente alerta seu eu consciente. Você pode experimentar esse alerta como uma sensação gutural, como a estranha ideia de que há alguma coisa errada, ou sua imaginação pode ser ativada e você pode ter a visão fugaz do ente querido. Em ocasiões extraordinárias, você pode ter a noção verídica do que está acontecendo em outro lugar ou em outra ocasião.

Se depois você descobrir que, de fato, seu ente querido esteve em perigo ou quis comunicar-se com você, provavelmente você diria que foi um caso assustador de telepatia. Pareceria ter sido uma forma de transferência de informação, mas, na verdade, teria sido apenas uma correlação. Ou seja, dentro de um meio holístico estamos sempre conectados. Não é necessário haver nenhuma transferência de informação, pois não há partes separadas. A navegação por essa realidade dá-se através da nossa atenção, e a percepção sensorial dá-se através da nossa memória ativada e da nossa imaginação.

ENCONTRANDO OS SÍMBOLOS PERDIDOS NA CIDADE DE WASHINGTON

Copyright de George Washington Masonic Memorial. Todos os direitos reservados. Foto de Arthur W. Pierson, Falls Church, Virgínia

O Monumento Maçônico a George Washington

Situado na Shuters Hill em Alexandria, este é um edifício que não se esconde de ninguém!

Há uma tradição maçônica de se construir templos em colinas ou montanhas, e este foi feito onde Thomas Jefferson propôs a construção do Capitólio.

Tendo como modelo o Farol de Alexandria, no Egito, o Monumento tem dez andares de altura, encimado por uma pirâmide com um acabamento flamejante. Se você já teve a oportunidade de sobrevoar a cidade de Washington à noite e olhar pela janela, deve tê-lo visto.

A Arca da Aliança.

Copyright de George Washington Masonic Memorial. Todos os direitos reservados. Foto de Arthur W. Pierson, Falls Church, Virginia

A primeira cerimônia do Monumento ocorreu em 5 de junho de 1922. No dia 1º de novembro de 1923, o presidente Calvin Coolidge e o ex-presidente dos EUA e presidente da Corte Suprema William H. Taft estavam entre os presentes quando a pedra angular foi lançada. Como não houve subsídio para financiar a construção e o país entrou na Grande Depressão, o progresso foi lento. Finalmente, o edifício foi inaugurado em 12 de maio de 1932, com a presença do presidente Herbert Hoover, e seu interior foi concluído em 1970.

Diferentemente de outras lojas maçônicas, o Monumento a George Washington abriga exposições de diversas organizações maçônicas, inclusive os ritos Escocês e de York, os Shriners e os Altos Cedros do Líbano.

O edifício está aberto ao público, visitantes (maçons ou não) são bem-vindos, e há visitas guiadas em horários regulares.

Copyright de George Washington Masonic Memorial. Todos os direitos reservados. Foto de Arthur W. Pierson, Falls Church, Virginia

George Washington Assentando a Pedra Angular do Capitólio Nacional, 18 de setembro de 1793, por Allyn Cox

Além do seu trabalho em exibição no Monumento Maçônico a George Washington, Allyn Cox também concluiu a frisa da Rotunda do Capitólio, que fora iniciada por Constantino Brumidi, bem como uma imagem da primeira alunissagem, que está nos Corredores Brumidi.

As pessoas presentes a essa cerimônia são, da esquerda para a direita:

Senador Robert Young, da Virgínia; Archibald Dobbin, de Baltimore; Ferdinando Fairfax, da Virgínia; Benjamin Tasker Dulany, de Alexandria; cel. Dennis Ramsay e cel. William Payne, ambos da Loja Alexandria Nº 22; David Stuart, comissário do Distrito; Daniel Carroll, comissário do Distrito; James Hoban, arquiteto, Loja Federal Nº 15, Maryland; Stephen Hallate, arquiteto; Thomas Johnson, comissário do Distrito; George Washington; Joseph Clark, Loja Annapolis Nº 12; dr. Elisha Cullen Dick, Loja Alexandria Nº 22; Clotworthy Stephenson, Loja Federal Nº 15, Maryland; Valentine Reintzel, Loja Georgetown Nº 9; Colin Williamson, Loja Federal Nº 15, Maryland; James Thompson, Loja Georgetown Nº 9; Martha Washington; Eleanor Parke Custis, esposa do comissário Johnson.

CAPÍTULO 5
Decodificando
O Símbolo Perdido

Painel maçônico, ca. 1820, atribuído a John Ritto Penniman (1782-1841), Boston, Massachusetts. Óleo sobre tela, *Scottish Rite Masonic Museum and Library*, 89.76. Foto de David Boh.

Decifrando os Códigos na Capa de O Símbolo Perdido

por Greg Taylor

No final de 2003, Greg Taylor ficou sabendo que a sobrecapa de O Código Da Vinci, *de Dan Brown, continha diversas "anomalias" – coordenadas de mapas em "escrita invertida", letras em destaque ocultando estranhas mensagens e outras coisas mais. Então, numa entrevista, Dan Brown anunciou que pistas sobre a sequência de* O Código Da Vinci *estavam escondidas na capa do seu best-seller. Resolvendo esses enigmas e códigos, Taylor conseguiu escrever um trabalho completo sobre o livro de Brown, na época ainda inédito, no final de 2004. Em* Da Vinci in America, *Taylor apresentou informações de bastidores sobre muitos dos temas que ele achou que seriam incluídos no novo livro – e, como se viu, com bastante acerto. Quando a capa de* O Símbolo Perdido *foi divulgada em julho de 2009, antes da publicação do livro em setembro, Taylor e outros colegas simbologistas voltaram a trabalhar. Você vai precisar ter à mão a capa de* O Símbolo Perdido *para acompanhar essa decifração.**

---

* A edição em português não contém diversos dos temas mencionados neste texto; algumas das descrições se referem à *capa da edição norte-americana de O Símbolo Perdido*. (N. do T.)

Melancolia I, por Albrecht Dürer.

A capa de *O Símbolo Perdido* mostra o tema de "pergaminho" rasgado similar ao da capa de *O Código Da Vinci*, embora tenha a Capitol Hill na cidade de Washington como foco no lugar da Mona Lisa, e o Monumento a Washington escondido no buraco da fechadura da lombada da edição americana. Há ainda um lacre de cera adornado com uma águia de duas cabeças, uma confirmação direta de que a Maçonaria, e em especial a Maçonaria do Rito Escocês, tem um papel de destaque no novo livro.

O 33 no centro do triângulo no lacre vem do fato de haver 33 "graus" (níveis de iniciação) no Rito Escocês da Maçonaria. Como o leitor descobrirá, sua presença na capa é apenas a ponta do iceberg – Dan Brown parece ter usado o número como uma "piada interna" ao longo de *O Símbolo Perdido*: o prólogo começa às 20h33, há 133 capítulos e, na página 333 da edição americana,** há nada menos do que doze referências a ele, tudo numa seção onde Brown diz que "a tradição da *numerologia* alardeava o 33 como o mais

---

** Na edição em português essas doze referências ficam entre páginas 324 e 325. (N. do T)

elevado de todos os Números Mestres". Como se não bastasse, os três números que compõem a data de lançamento do livro em inglês, 15/09/09, somam 33!

Embora não sejam lá muito visíveis na capa, há vários símbolos impressos no pergaminho, extraídos da astrologia, da alquimia e de outros campos esotéricos – todos estabelecendo a vibração perfeita para a capa de um romance de Dan Brown. Mas, sob uma análise mais atenta, outras coisas aparecem. Mais uma vez, Dan Brown escondeu alguns códigos na capa do seu livro mais recente.

Primeiro, espalhadas aleatoriamente entre a capa da frente e a lombada da edição americana, veem-se combinações de letras e de números. Acima do R de "Brown" vemos "B1". À esquerda, acima de "a novel", temos outra: "C2". E ainda, na extremidade direita da capa, vemos "J5". Enquanto isso, na extremidade superior esquerda da lombada, encontramos "E8", e logo acima do buraco da fechadura na parte inferior da lombada temos "H5".

A capa frontal e a lombada "prélançadas" exibiam os códigos: B1, C2, E8, H5 e J5. Contudo, a natureza alfabética das combinações entre letras e números – B, C, E, H e J – sugere que faltam pelo menos outras cinco: A#, D#, F#, G# e I# (completando as dez letras iniciais do alfabeto, A a J).

Mas, sem a contracapa o código não poderia ser decifrado. Ou poderia?

Diversas pessoas muito astutas que trabalharam na decifração desse código perceberam que, no DaVinci Code WebQuest anterior, um jogo online associado com o livro, as pessoas deviam telefonar para os números (212) 782-9920 e (212) 782-9932. Esses números pareciam ser parte de um lote de números telefônicos usados pela editora Random House em Nova York, cujo número principal é (212) 782-9000, com os primeiros sete algarismos (212-782-9###) comuns a todos os seus outros telefones.

O leitor deve ter percebido que os novos códigos da capa se encaixam perfeitamente bem nesse padrão. Dispondo os cinco códigos conhecidos em ordem alfabética para adequá-los ao gabarito da linha telefônica (ABC-DEF-GHIJ) e substituindo o número correspondente pela letra, teremos cinco dos dez dígitos do número telefônico: #12-#8#-#5#5. Usando os números telefônicos da Random House como base, foi possível gerar alguns palpites para quatro das outras combinações de letras e números: A2, D7, F2 e G9. Isso deixou apenas I# como valor desconhecido (212-782-95#5); dez possibilidades, que poderiam ser exploradas com força bruta caso alguém estivesse disposto a telefonar para cada um deles.

Algumas pessoas fizeram isso, mas encontravam os escritórios da Random House e suas secretárias eletrônicas – mas nenhum *hotline* da competição. Isso aconteceu apesar de uma "Busca pelo Símbolo" ativada recentemente no website oficial em inglês de Dan Brown para *O Símbolo Perdido* – na qual os participantes tinham de responder a 33 enigmas consecutivos baseados em diversos símbolos – os quais, uma vez completados, apresentariam uma gravação de Dan Brown dizendo que havia códigos na capa de *O Símbolo Perdido* que decodificariam um número de telefone, pelo qual 33 participantes sortudos receberiam um exemplar autografado de seu novo livro.

Como se viu, a decodificação estava correta – mas foi feita depressa demais! A Random House não tinha "acionado" o telefone para o concurso nesse estágio tão precoce. Os participantes mais insistentes descobriram, no final do dia 14 de setembro (o dia anterior ao lançamento em inglês de *O Símbolo Perdido*), que o concurso tinha ficado "ao vivo" no telefone (212) 782-9515. Havia nele uma nova mensagem, agora do editor de Brown, Jason Kaufman, pedindo que os participantes enviassem um e-mail para determinado endereço; se estivessem entre os primeiros 33, receberiam um exemplar autografado de *O Símbolo Perdido*.

Depois do seu lançamento, em 15 de setembro, a contracapa do livro confirmou a decodificação: as combinações letras-números A2, D7, F2, G9 e I1 estão lá. Portanto, é provável que aqueles que resolveram o código do número do telefone *depois* de comprarem o livro (e de verem a contracapa) tenham chegado tarde – os primeiros 33 e-mails devem ter sido recebidos antes de *O Símbolo Perdido* chegar às prateleiras das livrarias.

Mas não é tudo. Há mais códigos na capa do que essas combinações de letras e números. Na capa frontal da edição americana, logo dentro e fora do lado esquerdo do tênue círculo que rodeia o lacre do Rito Escocês, há dois conjuntos de números:

Externo: 22-65-22-97-27
Interno: 22-23-44-1-133-97-65-44

À primeira vista, o aspecto mais notável dessa sequência numérica é a aparência não aleatória dos números repetidos: 22, 44, 97 e 65. Isso sugere que os números devem ser substituídos por letras em duas palavras, sendo 22, 44, 97 e 65 letras repetidas. Além disso, essa sequência numérica faz eco com um código encontrado na última página do livro *Fortaleza Digital* de Dan Brown, publicado em 1998: 128-10-93-85-10-128-98-112-6-6-25-

126-39-1-68-78. Nesse caso, a solução era que cada número se referia a um capítulo, e se tomássemos a primeira letra de cada capítulo, teríamos (depois de usar um código adicional com uma "Caixa de César") a mensagem secreta "We are watching you" ["Nós estamos vigiando você"]. Se esse novo código usasse o mesmo método de decifração, aparentemente só poderia ser resolvido depois que o livro fosse publicado e conhecidas as primeiras letras de cada capítulo.

Mais uma vez, porém, a força bruta foi empregada na técnica de decifração. Presumindo que os números significam mesmo letras, é possível fazer uma análise de substituição levando-se em conta as "letras" repetidas, bem como o uso regular na língua inglesa de certas combinações de letras e de suas posições em palavras. Isso estreitou bastante o número de palavras que poderiam ser representadas. Algumas pessoas são boas (e têm muito tempo livre!) nisso com lápis e papel, mas na era moderna o trabalho pode ser feito de maneira mais eficiente com um computador. Por exemplo, convertendo a sequência numérica numa sequência equivalente de letras – preservando a sequência e os elementos repetidos (como ABACDAEFGHCBF) – podemos usar uma ferramenta online como "Decrypto" (http://www.bliss-tonia.com/software /WebDecrypto/index.php) para trabalhar para nós.

Em apenas 0,022 segundos, Decrypto produziu apenas 15 combinações de palavras possíveis, e, para qualquer um que estivesse familiarizado com o conteúdo de *O Símbolo Perdido*, uma em particular se destacava: "POPESPANTHEON". John Russell Pope ficou famoso por ser o arquiteto responsável por diversos edifícios públicos da cidade de Washington, inclusive os Arquivos Nacionais, o Memorial a Jefferson, a ala oeste da Galeria Nacional de Arte e a "Casa do Templo" do Rito Escocês. Além disso, alguns desses edifícios foram influenciados pelo Panteão em Roma, e provavelmente o que mais recebeu essa influência tenha sido o Memorial a Jefferson.

Mais uma vez, essa solução pré-publicação foi confirmada quando *O Símbolo Perdido* foi lançado. Tal como se supunha, cada número apontava para um capítulo, do qual a primeira letra era usada e substituída na sequência.* Por exemplo, o Capítulo 22 começa com "Pacing", o Capítulo 65 "Once", Capítulo 97 "Eight", Capítulo 27 "Systems". Usando as primeiras letras de cada um desses quatro capítulos, e substituindo-as pelos cinco primeiros números da sequência ("22"/"P" repete-se

---

* Essa decifração refere-se ao texto original em inglês (N. do T.).

nas posições 1 e 3), temos "POPES". Se fizermos o mesmo com a segunda sequência, teremos "PANTHEON". Obviamente, não é a maneira mais fácil de decifrar os códigos, mas é preciso admirar a engenhosidade daqueles que decifraram o código "à força" antes da publicação! Uma confirmação adicional de que esse código aponta para o Memorial a Jefferson está no texto de O Símbolo Perdido, pois Brown se refere duas vezes ao fato de o monumento ter sido inspirado no Panteão.

Mas dois outros códigos só poderiam ser decifrados após a publicação de O Símbolo Perdido – simplesmente porque eles só aparecem na contracapa. O mais evidente deles é o "Código Cifrado Maçônico" (também conhecido como o "Porco no Chiqueiro") escrito dentro das linhas verticais da moldura decorativa. Para "ler" os símbolos na orientação correta, gire a contracapa 90 graus no sentido horário.

Embora esse seja um método de codificação bem conhecido, que poderia ser decifrado sem muita ajuda, Dan Brown oferece a chave para ele na página 202 de O Símbolo Perdido (descrevendo-a como "quase infantil"). Cada símbolo é, na verdade, a grade de forma singular que envolve cada letra na matriz do "chiqueiro".

Assim, para começar, temos o quadrado do canto superior esquerdo,

Painel Maçônico, 1818. Jonas Prentiss (1777-1832), West Cambridge, Massachusetts. Óleo sobre tela. *Scottish Rite Masonic Museum and Library. Doação da Loja Hiram, A.F. & A.M., Arlington, Massachusetts, 91.048. Foto de David Bohl.*

correspondendo à letra "A". Os dois seguintes são os quadrados do canto superior direito com um ponto: "L"; assim, a primeira palavra é "ALL" ("tudo"). Se continuarmos com esse método de decifração, teremos a frase "ALL GREAT TRUTHS BEGIN AS BLASPHEMIES" ["toda grande verdade começa como blasfêmia"], uma frase do dramaturgo irlandês George Bernard Shaw e que se aplica muito bem a muitos dos temas discutidos por Dan Brown em seus livros.

Por fim, talvez a mais nova técnica de decifração usada por Dan Brown em

O Símbolo Perdido é a matriz quadrada decodificada usando-se a disposição dos números no "Quadrado Mágico de Júpiter" encontrado na gravura de 1514 *Melancolia I*, do mestre da Renascença Albrecht Dürer. Como mostra Dan Brown, a soma de cada linha, coluna e diagonal desse Quadrado Mágico é 34 (que pena que não é 33!).

Na contracapa da edição americana, encontramos outro quadrado no formato 4 x 4, começando e terminando com um "Y". Embora, mais uma vez, esse amontoado de letras pudesse ser decifrado à força se necessário (ele intriga Nola Kaye em *O Símbolo Perdido*, mas, na verdade, nenhum analista da CIA teria problema para decifrá-lo), Dan Brown explica tudo nas páginas do livro. Basta percorrer os quadrados da matriz em sequência numérica: no quadrado de Dürer, o número "1" fica no quadrado inferior direito, e assim, no quadrado correspondente da capa, encontramos um "Y". O número "2" é o terceiro quadrado na linha superior, correspondendo ao "O" no quadrado codificado; "3" é igual a "U", "4" é "R". Continuando, a mensagem é revelada: "YOUR MIND IS THE KEY" ["sua mente é a chave"], o que se relaciona muito bem com o conteúdo de Antigos Mistérios e de Ciência Noética de *O Símbolo Perdido*.

Mas, será que essas frases têm outro significado? Pode ser interessante lembrar que os códigos na capa de *O Código Da Vinci* sugeriam tópicos do próximo livro de Dan Brown, *O Símbolo Perdido* – embora, tendo em vista que me deixaram decifrar o livro durante cinco anos, essa é uma estratégia que Brown e seus editores provavelmente não querem mais seguir!

Uma última coisa que vale a pena mencionar a respeito da capa: Dan Brown disse que havia *cinco* mensagens escondidas na capa. Até agora, mencionei quatro – qual seria a mensagem final? Talvez sejam apenas as linhas especulares na parte superior e na inferior da moldura decorativa da contracapa, o conhecido axioma hermético: "AS ABOVE SO BELOW" ("assim em cima como embaixo"). Mas isso não parece ser um código oculto. Será que apenas revelaria um método para solucionar um quinto código? Ou será que a mensagem final está oculta em algum lugar entre os diversos símbolos encontrados na capa? Experimente ver o que você consegue descobrir no seu exemplar – pode haver alguma coisa ainda à espera de ser descoberta. E fique de olho no meu website relativo a Dan Brown, The Cryptex (http://thecryptex.com), para se atualizar.

Câmara de Reflexão

Jess Maghan, 40 Fathers: The Search for Father in Oneself.
Historiador, Loja Solar Nº 131, A. F. & A. M. CT.

"O homem que se submeteu a algo após uma reflexão madura raramente volta atrás".
— Mackey, *Encyclopedia of Freemasonry**

De várias maneiras, a Câmara de Reflexão é um ponto de partida na jornada pela Franco-Maçonaria. É uma antessala, localizada na extremidade da Loja, onde o candidato reflete sobre o desejo (e o afirma) de se tornar um "aprendiz". Basicamente, é o ponto de entrada para testemunhar sua integridade de caráter, seu senso de responsabilidade e sua capacidade de perseverança e dever. O candidato é vendado, envolto num manto e preparado para entrar na Loja para ser apresentado ao Venerável Mestre, aos Oficiais e a seus futuros Irmãos Maçons. No processo, sua venda será removida, dando-lhe a primeira exposição à luz pura da Maçonaria. Dentro da Loja, ele receberá a orientação básica e conselhos sobre a rica história da Maçonaria, bem como sobre seu código de conduta e os símbolos que orientam o Ofício. Nos anos seguintes, enquanto prossegue em sua jornada, poderá se filiar à Antiga Ordem Árabe dos Nobres do Santuário Místico, aos Cavaleiros Templários, ou buscar os graus mais elevados da Maçonaria, que exigirão dele uma Câmara de Reflexão mais árdua e inquiridora sobre a pureza do seu coração e da sua alma, tal como representado pelo simbolismo alquímico da Maçonaria. Esse caminho superior exigirá absoluta perseverança e a vigilância das reflexões pessoais, baseadas nas metáforas da vida, desde o berço até o túmulo, no mistério do tempo e nos estágios transformadores da maturidade e da pureza de uma postura espiritual. "A verdadeira iniciação é um processo individual. Ninguém pode transformar um homem, exceto ele mesmo. Outros podem guiá-lo e ajudá-lo, mas, em última análise, o processo é interior. Só o indivíduo pode realizar a grande obra. A Câmara de Reflexão sintetiza de fato esse processo".**

---

* Mackey, Albert, e Charles T. McClenachan, *Encyclopedia of Freemasonry* [Ed. rev. por Edward Hawkins e William Hughan, vols. 1 e 2].

** V. Ir. Helio L. da Costa Jr., *The Chamber of Reflection*, apresentado no Grande Dia Maçônico de Vancouver, 16/10/1999; 1871-2009 Grande Loja da Colúmbia Britânica e Yukon, A. F. & A. M. (2/8/2001, freemasonry.bcy.ca/texts/gmd1999/pondering.html).

A Fênix de Duas Cabeças

por Loren Coleman

Loren Coleman é especialista em linguagem limítrofe, essas "palavras codificadas", "jogos de palavras" e "coincidências numéricas" encontradas nos noticiários, na história e na ficção. Ele explora o tema em dois livros, Mysterious America *e* The Copycat Effect, *e em seu blog* Twilight Language, *em http://copycateffect.blogspot.com.*

Dan Brown escreve sobre diversos sinais, locais, números e símbolos que estão escondidos e à vista de todos. Mas talvez seja o que Brown esconde nas páginas do seu novo livro e não revela plenamente o que mais nos interessa. De fato, Brown parece nos provocar ao longo de sua aventura em ritmo desenfreado com um importante símbolo oculto que ele não explica em detalhes, embora esteja embutido num nível numérico simbólico ao longo de todo o livro. Será que estamos sendo burlados, enquanto lemos o livro, por um mestre da simbologia chamado Dan Brown?

Enquanto lia o livro, percebi que Brown menciona, às vezes de forma bem brusca, a "fênix de duas cabeças". A fênix de duas cabeças aparece como tatuagem no peito de Mal'akh (cinco vezes), no anel maçônico de Peter Solomon (cinco vezes), no lacre do invólucro da cumeeira, num "diploma" maçônico e num medalhão. Não creio que tenha sido mera coincidência o fato de Brown mencionar esse tipo especial de fênix exatamente 13 vezes dentro do livro. (Embora Brown mencione uma "fênix" num sonho e, em outra situação, fale de uma "ave de duas cabeças", sem usar a palavra "*fênix*".)

Todos conhecem a história da Fênix, uma ave que surge das cinzas, como que simbolizando o renascimento. A palavra *fênix* vem da antiga palavra grega Φοίνιξ, *Phoenix*, que seria uma ave sagrada do fogo com origem em diversas mitologias antigas. Os egípcios associavam a fênix a seu deus sol Rá e à cidade de Heliópolis, conhecida por seus obeliscos. Na China, o líder das aves, o Fenghuang, é espelho da fênix. A fênix também aparece como o Garuda, ave do deus hindu Vishnu.

Hoje, o símbolo da Fênix é tão comum que a cidade de Portland, no Maine, onde moro, adotou como selo da cidade uma fênix surgindo das cinzas, o que se alinha com seu lema, *Resurgam*, que, em latim, significa "Tornarei a me erguer" em referência à recuperação de Portland após devastadores incêndios. Mais notável foi o imenso incêndio que ocorreu no dia 4 de julho de 1866, durante a comemoração do Dia da Independência dos EUA, que deixou 10.000 desabrigados e destruiu todo o centro financeiro e comercial da cidade.

Até uma leitura superficial de *O Símbolo Perdido* revela, de maneira óbvia, que "renascer" é importante para personagens como Katherine Solomon, que percebe como as descobertas de seus experimentos noéticos podem trazer um "admirável mundo novo", e para Mal'akh, que se reinventa depois de levar um tiro de Peter Solomon.

Mas, para Dan Brown, a fênix de duas cabeças tem mais significados. Ela é, segundo afirma, muito importante para os maçons. É uma chave para os mistérios ocultos, e está associada, especialmente para aqueles que ficaram presos na areia movediça das teorias conspiratórias, com forças sinistras e com Lúcifer redivivo.

Maçons modernos que não conhecem sua própria história podem achar que Dan Brown cometeu um grave erro ao falar de uma "fênix de duas cabeças", uma vez que os modernos Irmãos de Ofício entendem-na como uma "águia de duas cabeças" em todos os textos contemporâneos. Mas nenhuma piscadela ou arremesso de esquadro maçônico deve nos desviar da

Águia de duas cabeças na porta do Templo do Rito Escocês, cidade de Washington.

verdadeira identidade da ave como fênix, que acabou se transformando numa ave muito familiar para os norte-americanos, a águia.

O famoso autor maçônico do 33º Grau, Manly P. Hall, escreveu o seguinte comentário crítico em seu livro, *The Lost Keys of Freemasonry*: "Esses eram os imortais para os quais a expressão *fênix* se aplicava, e seu símbolo era a misteriosa ave de duas cabeças, agora chamada de águia, um emblema maçônico familiar e pouco compreendido".

Em *The Phoenix: An Illustrated Review of Occultism and Philosophy*, Hall analisa o assunto mais de perto: "Entre os antigos, uma ave fabulosa chamada de Fênix era descrita pelos autores... em tamanho e forma, lembra a águia... A Fênix, segundo se diz, vive 500 anos, e quando morre seu corpo se abre e emerge uma Fênix recém-nascida. Em virtude desse simbolismo, a Fênix costuma ser considerada a representação da imortalidade e da ressurreição... A Fênix é um sinal das ordens secretas do mundo antigo e dos iniciados dessas ordens, pois era comum se dizer que aquele que fora aceito nos templos era um homem nascido duas vezes, ou renascido. A sabedoria confere uma nova vida, e aqueles que se tornam sábios nascem novamente".

E outro autor maçônico, R. Swinburne Clymer, diz, em *The Mysteries of Osiris*: Quando eles [os antigos] desejavam expressar a renovação ou início do ano, representavam-na como um porteiro. Ele podia ser facilmente identificado porque tinha uma chave... Às vezes, eles lhe davam duas cabeças, uma de costas para a outra... Com o tempo, isso [o símbolo do porteiro com duas cabeças] tornou-se a Águia de duas cabeças da Maçonaria simbólica".

A fênix de duas cabeças tornou-se a águia que está no verso da nota de um dólar que muitos levam na carteira. Sim, aquela com 13 flechas nas garras, dentro do Grande Selo Maçônico. Os Estados Unidos são a transformação da realidade exterior, simbolizada pela fênix de duas cabeças, pelo encontro entre Oriente e Ocidente, e, em última análise, pelos estágios finais dos processos alquímicos que os Antigos queriam conseguir.

Aquilo que Dan Brown reforça, de modo não muito sutil, com sua "fênix de duas cabeças", são as referências ocultas ao renascimento do espírito maçônico na fundação dos Estados Unidos.

Quadrados Mágicos
por Clifford A. Pickover

Clifford A. Pickover tem um Ph.D. da Universidade de Yale e é autor de mais de quarenta livros sobre ciência, matemática, arte e religião. Entre seus livros, temos The Math Book, Archimedes to Hawking *e* The Zen of Magic Squares, Circles and Stars. *Seu website é pickover.com.*

O talento de Dan Brown para criar uma narrativa – repleta de códigos secretos, história e intriga – vem à tona em seu romance *O Símbolo Perdido*. De fato, dois famosos conjuntos de números chamados *quadrados mágicos* têm um papel vital no romance, e ajudam os protagonistas a decifrarem uma mensagem cifrada.

As lendas sugerem que os quadrados mágicos se originaram na China, e foram mencionados pela primeira vez num manuscrito da época do imperador Yu, por volta de 2200 a.C. Imagine uma disposição de números com N linhas e N colunas. Um *quadrado mágico* consiste de N^2 caixas, chamadas de *células*, contendo números inteiros, todos diferentes. As somas dos números nas linhas horizontais, colunas verticais e diagonais principais são iguais. Segundo a antiga lenda, o imperador Yu descobriu o quadrado mágico enquanto caminhava ao longo do rio Lo (ou rio Amarelo), onde encontrou uma tartaruga mística subindo a beira do rio. Para espanto de Yu, o número e a disposição das manchas nas costas da tartaruga correspondiam a um quadrado mágico.

Se os números inteiros dentro de um quadrado mágico são os números consecutivos de 1 a N^2, diz-se que o quadrado é de ordem N, e o *número mágico* – a soma de cada linha, coluna ou diagonal – é uma constante igual a $N(N^2 + 1)/2$. Dan Brown apresenta o mais famoso quadrado mágico de ordem 4 da história, criado pelo artista renascentista Albrecht Dürer (1471-1528) em 1514:

Veja que os dois números centrais da linha inferior formam "1514", o ano de sua criação. As linhas, colunas e diagonais principais somam 34. E 34 é a soma dos números dos quadrados dos cantos (16 + 13 + 4 + 1) e do quadrado central de 2 x 2 (10 + 11 + 6 + 7).

É interessante observar que, em 1693, os 880 quadrados mágicos diferentes de ordem 4 criados por Bernard F. de Bessy (1602-1675), eminente matemático francês e um dos principais pesquisadores sobre quadrados mágicos de todos os tempos, foram publicados postumamente em *Des quassez ou tables magiques*.

Meu quadrado mágico favorito é, de fato, o de Dürer apresentado no romance de Dan Brown. Ele está na coluna do canto superior direito da gravura de Dürer, *Melancolia I*. Dürer incluiu uma série de pequenos detalhes na gravura, intrigando os estudiosos ao longo dos séculos. Aparentemente, vemos a figura de uma entidade sobrenatural contemplativa, sentada em meio a tarefas inacabadas. Vemos ferramentas espalhadas, areia escorrendo pela ampulheta, o quadrado mágico sob o sino, uma balança oscilante. Os estudiosos acreditam que a gravura mostra a insuficiência de conhecimentos humanos para se atingir a sabedoria divina, ou para penetrar os segredos da natureza. Os astrólogos da Renascença associavam quadrados mágicos de ordem quatro a Júpiter, e acreditava-se que esses quadrados combatiam a melancolia (que tem natureza saturnina). Talvez isso explique a presença do quadrado na gravura de Dürer.

Evoluímos muito desde os simples quadrados mágicos de 3 x 3 células venerados por civilizações de quase todas as épocas e continentes – desde os maias ao povo hasua da África. Hoje, os matemáticos ainda estudam esses objetos mágicos em grandes dimensões, como na forma de hipercubos tetradimensionais que têm somas mágicas em todas as direções apropriadas.

Até o famoso norte-americano do século XVIII Benjamin Franklin (1706-1790) ficou fascinado pelos quadrados mágicos, embora tenha chegado a considerá-los como uma perda de tempo. Franklin escreveu que "talvez seja um sinal de bom senso por parte dos nossos matemáticos não desperdiçarem mais seu tempo com coisas que são simplesmente *difficiles nuage*, incapazes de qualquer aplicação útil". Depois, porém, admitiu que estudou com cuidado os quadrados mágicos e que chegou a formar alguns bastante interessantes, chegando ao ponto de declarar um de seus quadrados co-

52	61	4	13	20	29	36	45
14	3	62	51	46	35	30	19
53	60	5	12	21	28	37	44
11	6	59	54	43	38	27	22
55	58	7	10	23	26	39	42
9	8	57	56	41	40	25	24
50	63	2	15	18	31	34	47
16	1	64	49	48	33	32	17

mo "o mais magicamente mágico dos quadrados mágicos já idealizados por qualquer mágico".

O quadrado mágico de ordem 8 de Benjamin Franklin tem papel central em *O Símbolo Perdido*. A primeira menção histórica a ele é de 1769, numa carta de Franklin a um colega.

Esse quadrado mágico está repleto de simetrias interessantes, e é possível que nem Ben Franklin tenha notado algumas delas. Cada linha e cada coluna do quadrado somam 260. Metade de cada linha ou coluna somam metade de 260. Além disso, cada uma das "linhas tortas" soma 260. (Veja os quadrados coloridos como dois exemplos de "linhas tortas"; os quadrados com negrito são exemplos de "linha torta quebrada" [14 + 61 + 64 + 15 + 18 + 33 + 36 + 19], que também somam 260.) Podemos ver muitas outras simetrias: somando-se os quatro números dos cantos com os quatro números do meio, temos 260. A soma dos números de qualquer subquadrado de 2 x 2 é 130, e a soma de quaisquer quatro números dispostos de forma equidistante do centro do quadrado também dá 130. Se convertermos os números em binários, encontraremos simetrias ainda mais espantosas. Porém, apesar de todas as simetrias, as diagonais principais não somam 260, motivo pelo qual esse quadrado não é um qua-

drado mágico, segundo a definição comum, que inclui as somas das diagonais. Se examinarmos a explicação de Dan Brown em *O Símbolo Perdido*, teremos a impressão de que ele não estava a par dessa intrigante falha no quadrado de Franklin.

Não sabemos que método Franklin usou para construir seus quadrados. Muita gente tentou desvendar o segredo. Embora Franklin afirmasse que podia gerar os quadrados "tão depressa quanto conseguia escrever", até a década de 1990 ninguém conseguiu tal façanha. Até hoje, os métodos de geração de quadrados são um tanto quanto desajeitados e de difícil implementação. Mas é fácil aceitar que uma pessoa curiosa como Benjamin Franklin – cientista, inventor, estadista, impressor, filósofo, músico e economista – conseguiu criar um dos mais fascinantes quadrados já concebidos. Depois da morte de Franklin, outros pesquisadores de quadrados mágicos descobriram novos padrões em suas distribuições numéricas.

Esse é o aspecto mais emocionante dos quadrados mágicos. Armado apenas com um lápis e papel, você pode descobrir novos padrões em quadrados mágicos com centenas de anos de idade. Cada quadrado é como um pequeno baú do tesouro esperando para ser aberto.

ENCONTRANDO OS SÍMBOLOS PERDIDOS NA CIDADE DE WASHINGTON

Kryptos copyright © James Sanborn.

Decodificando Kryptos

por Greg Taylor

Uma versão deste capítulo apareceu no livro de Greg Taylor, Da Vinci in America. Foi atualizado para refletir a inclusão de Kryptos em O Símbolo Perdido. O novo livro de Taylor intitula-se The Guide to Dan Brown's The Lost Symbol.

Fato ou ficção? Esta simples pergunta está no centro do sucesso de Dan Brown. Embora seja um autor de ficção, Dan Brown habituou-se a começar seus romances com uma página chamada "Fatos", que relaciona elementos do livro supostamente baseados na realidade. Digo "supostamente" porque boa parte da controvérsia que move o sucesso de Dan Brown provém da discussão a respeito desses "fatos" que podem levar o leitor a acreditar que a maior parte da história especulativa que ele apresenta é real. Para dar um exemplo, a declaração de Brown no começo de *O Código Da Vinci* de que o Priorado de Sião – uma sociedade secreta europeia fundada em 1099 – é uma organização real. A opinião consensual sobre o Priorado de Sião é que, na verdade, ele é uma invenção moderna. De modo análogo, quando Brown anuncia que todas as descrições de obras de arte, arquitetura, documentos e rituais secretos neste romance são precisas, é tentador dizer que algumas de suas "descrições" desviam um pouco da definição estrita da palavra *fato*.

Já foi gasta muita tinta discutindo os controvertidos "fatos" de *O Código Da Vinci*, e assim, com o lançamento de *O Símbolo Perdido*, vale a pena analisar melhor as afirmações de Brown feitas nesse livro. Ele também inclui uma página de "fatos", neste teor:

> *Em 1991, um documento foi trancado no cofre do diretor da CIA. O documento continua lá até hoje. Seu texto em código inclui referências a um antigo portal e a uma localização subterrânea desconhecida. O documento também contém a frase: "Está enterrado lá em algum lugar".*

Com certeza, é uma declaração que intrigaria qualquer mente curiosa. O que o diretor da Agência Central de Inteligência, a CIA, estaria fazendo com um documento tratando de antigos portais e de localizações subterrâneas escondidas trancado em seu cofre? Diversos cenários do tipo *Stargate SG-1* surgem depressa na

James Sanborn. *Foto © James Sanborn.*

mente imaginativa, mas a resposta é um pouco mais simples do que essa, infelizmente. O documento que Dan Brown menciona refere-se, na verdade, a uma escultura com apenas duas décadas de idade.

No final da década de 1980, começou a construção do novo edifício da sede da base da CIA em Langley, Virgínia. Seguindo os parâmetros federais de construção, uma pequena parcela do custo da construção foi reservada para a encomenda de obras de arte originais, destinadas a decorar o novo edifício. A Agência solicitou a artistas interessados na verba de US$ 250.000 que enviassem seus projetos, deixando claro que as obras não deveriam apenas ser visualmente agradáveis, como também "indicativas do trabalho da Agência Central de Inteligência". Em novembro de 1988, o artista James Sanborn, da cidade de Washington, recebeu a verba, com base em sua ideia de uma escultura em duas partes que seria conhecida como *Kryptos* ("escondido", em grego), que ficaria na entrada principal e no pátio do novo edifício.

Sanborn já era bastante conhecido por sua capacidade de evocar uma ideia de mistério com suas obras de arte, mas *Kryptos* pode ser considerada sua obra-prima. Trabalhando com Ed Scheidt, criptógrafo aposentado da CIA – descrito pelo diretor da Agência como "O Mago dos Códigos" – Sanborn idealizou uma escultura que conteria um enigma cifrado, contendo, ao mesmo tempo, um pouco da história da criptografia. A obra de arte começa do lado do corredor próximo ao estacionamento, onde "páginas" de granito emergem do chão, unidas por placas de cobre, sobre as quais se veem códigos cifrados antigos e o Código Morse Internacional. Nessa área, há ainda uma variedade de magnetita (pedra magnetizada naturalmente) e uma rosa dos ventos.

A parte mais conhecida da escultura *Kryptos* fica no pátio: uma placa de cobre em forma de S "emerge" de um pedaço vertical de madeira petrificada e está rodeada por um borbulhante espelho d'água. Há quase 2 mil letras cortadas na folha metálica: A primeira metade contém uma tabela para codificação e decodificação, com base num método geralmente atribuído (erroneamente) ao criptógrafo francês Blaise de Vigenère. A "cifra de Vigenère" é um código cifrado por substituição, que "desloca" cada letra da mensagem a ser codificada por diversos valores (assim, um deslocamento de 1 da letra A a tornaria B, um deslocamento de 2 de A a tornaria C e assim por diante), com base numa palavra-chave e na tabela mencionada, gerando algo que pareceria um texto aleatório. As duas seções iniciais de *Kryptos* usam essa tabela de substituição. A terceira emprega um código de transposição (mover a sequência das letras por meio de um método específico, em vez de deslocar o valor das letras). A quarta ainda não foi solucionada, e por isso desconhece-se a cifra empregada.

Apesar de ficar no pátio daquela que deve ser a mais conhecida agência de inteligência do mundo, levou mais de sete anos para que um dos próprios funcionários da CIA abrisse uma fenda nas defesas da enigmática obra de arte. Em fevereiro de 1998, o físico da CIA David Stein – usando apenas lápis e papel – conseguiu as primeiras substituições de letras, e não demorou para que decifrasse três das quatro seções de *Kryptos*. Contudo, suas soluções foram mantidas "em casa" na Agência, e assim, quando o cientista da computação californiano Jim Gillogly anunciou, apenas um ano depois, que também tinha decifrado as três seções iniciais (usando um computador), ele acreditou que fora a primeira pessoa a fazê-lo. Só depois é que anunciaram que Stein tinha chegado à solução antes dele. (Além disso, a Agência Nacional de Segurança, NSA, agora afirmava que alguns de seus analistas tinham resolvido as três seções iniciais em 1992.)

A primeira seção decifrada de *Kryptos* constitui-se numa frase simples:

Entre as sombras sutis e a ausência de luz fica a nuance da ilusão.

A grafia de "ilusão" é propositalmente incorreta – Sanborn incluiu alguns desses "erros" na construção da escultura para dificultar ainda mais a decifração. A segunda seção de *Kryptos* contém uma mensagem mais longa e curiosa, referente a campos magnéticos e a um objeto ou local não especificado, "enterrado lá fora":

Era completamente invisível. Como era possível? Eles usaram o campo magnético da Terra. A informação foi colhida e transmitida clandestinamente para um local ignorado. Será que Langley sabe disso? Eles deveriam saber: Está enterrado lá em algum lugar. Quem sabe o local exato? Só WW. Esta foi sua última mensagem: Trinta e oito graus cinquenta e sete minutos seis ponto cinco segundos Norte, setenta e sete graus oito minutos quarenta e quatro segundos Oeste. Camada dois.

O terceiro trecho decifrado é igualmente intrigante – parece ser uma paráfrase do registro do diário de Howard Carter em 26 de novembro de 1922 – o dia em que ele descobriu o túmulo do faraó Tutancâmon (rei Tut) em Luxor, no Egito. A mensagem diz:

Lentamente, lenta e desesperadoramente, os restos dos detritos da passagem que impedia o acesso à parte inferior do corredor foram removidos. Com mãos trêmulas, fiz uma pequena brecha no canto superior esquerdo. Depois, alargando um pouco o buraco, inseri a vela e espiei. O ar quente que saiu da câmara fez com que a chama tremulasse, mas depois detalhes do cômodo emergiram da bruma. Você consegue ver alguma coisa?

A seção final, porém, tem resistido ao teste do tempo. Na década que passou após Stein apresentar a solução das três seções iniciais, ninguém causou uma mossa sequer na mensagem de 97 caracteres. Segundo o colaborador de Sanborn, Ed Scheidt, há um motivo para isso: "Deixei o melhor para o final".

Com certeza, as mensagens cifradas têm todo o mistério de um romance de Dan Brown. Mas como Brown conseguiu incluir *Kryptos* em *O Símbolo Perdido*? Como *O Código Da Vinci* mostrou, esse autor de sucesso interessa-se muito pelo campo da criptografia e por técnicas de codificação. Mesmo antes desse romance, Brown escreveu sobre agências de inteligência e decifração de códigos em seu livro de 1998, *Fortaleza Digital*. Seu fascínio pelo tema deve basear-se em sua própria experiência na infância – ele conta que, quando garoto, seu pai matemático criava caças ao tesouro envolvendo cifras e códigos para que Dan e seus irmãos os resolvessem. É provável que, graças a esse encanto permanente pela criptografia, ele tenha sido introduzido ao tema de *Kryptos* – afinal, ele é considerado um dos mais famosos "códigos não resolvidos" do mundo.

Entretanto, uma coisa é certa: *Kryptos* foi planejado como um elemento de *O Símbolo Perdido* desde 2003, no mínimo. Pois na sobrecapa da edição norte-americana de *O Código Da Vinci* (publicada em abril de 2003) é possível encontrar diversas mensagens cifradas. Quando encontradas e decifradas pelos leitores, essas mensagens eram, no mínimo, ambíguas e confusas. No entanto, o motivo para sua inclusão ficou óbvio quando Dan Brown anunciou um concurso chamado "Descubra o Código: O Segredo está Escondido Bem Diante dos Seus Olhos".

Com o atrativo de uma viagem a Paris para o vencedor, o desafio na Internet começava com estas palavras: "Bem vindo, leitor de *O Código Da Vinci*. Leonardo era conhecido como uma pessoa cheia de truques, que gostava de esconder segredos à vista de todos... Disfarçadas na sobrecapa de *O Código Da Vinci*, diversas mensagens cifradas dão pistas sobre o tema do próximo romance de Dan Brown com Robert Langdon".

As três primeiras perguntas do desafio eram um teste simples para verificar se o participante tinha lido *O Código Da Vinci*; respondidas, elas levavam ao desafio propriamente dito. A primeira pergunta "de verdade" pedia que o leitor desse uma olhada na contracapa do *best-seller* de Brown e procurasse uma referência codificada, escrita de trás para a frente. A obser-

vação perspicaz – e um espelho – revelavam uma misteriosa referência cartográfica: 37° 57' 6,5" Norte e 77° 8' 44" Oeste. Antes que o desafio ficasse disponível na internet, aqueles que já tinham encontrado esse código chegaram a um impasse quando descobriram essa localização. O motivo ficou claro quando apareceu esta pergunta no WebQuest: *Q1. Que escultura enigmática fica um grau ao norte da localização indicada no código?*

Acrescentar um grau à latitude fez mais sentido, pois a coordenada agora apontava para a sede da CIA em Langley, Virgínia – portanto, a "escultura enigmática" era *Kryptos*.

Depois de a palavra "Kryptos" ser digitada como resposta no desafio online, aparecia alguma informação histórica sobre a escultura de Sanborn, inclusive a segunda seção decifrada ("Eles usaram o campo magnético da Terra..."). Depois, o website fazia a pergunta sobre a parte conclusiva desse texto: *Q2. Segundo* Kryptos, *quais são as iniciais da pessoa que "sabe o local exato?"*

Quem estivesse familiarizado com a história de *Kryptos* saberia a resposta: uma frase na segunda seção decifrada de *Kryptos*, como mencionado acima, é: "Quem sabe o local exato? Só WW". O concurso online não apresentou outros comentários sobre essa resposta, nem sobre *Kryptos* em geral (embora seja interessante comentar que a frase "Only WW knows", ["Só WW sabe"], pode ser encontrada discretamente colocada de cabeça para baixo na contracapa da edição norte-americana de *O Código Da Vinci*.) Se devemos acreditar na palavra de Sanborn, o "WW" mencionado seria o diretor da CIA na época da inauguração da escultura, William Webster. A Agência, sem dúvida a par da embaraçosa mensagem codificada pelo artista, afirmou que Sanborn dera a Webster um envelope contendo o código e a mensagem. Logo, "WW" certamente conheceria a solução – e esse envelope é o documento mencionado na página de "fatos" de *O Símbolo Perdido* (embora Webster não seja mais o diretor da CIA). Outros disseram que a resposta não podia ser simples assim e continuaram a procurar outras opções – alguns fãs de *O Código Da Vinci* chegaram a dizer que WW de cabeça para baixo torna-se MM, as iniciais de Maria Madalena.

Quando foi perguntado a respeito do seu interesse por *Kryptos* numa entrevista para a TV, Brown respondeu que, além de sua atração por códigos e cifras, ele "se referia aos antigos mistérios". Sem dúvida, o fato de a escultura estar próxima da cidade de Washington – um lugar ideal para um romance de Dan Brown, com sua ar-

quitetura esotérica e "história oculta" sobre a Maçonaria – ajudou. É interessante perceber que os primeiros relatos diziam que *Kryptos* teria sido projetada em colaboração com um "proeminente escritor de ficção". Com base nisso, começaram a circular boatos de que Brown trabalhara com James Sanborn em partes do novo livro, mas o criador de *Kryptos* desmentiu-os rapidamente. Segundo ele, foi uma ideia que ele acalentou no estágio de planejamento, mas "decidi que não iria fazê-lo; por que deixar outra pessoa a par do segredo?" Na verdade, dizem que Sanborn teria ficado "muito aborrecido" com a perspectiva de *Kryptos* aparecer na continuação de *O Código Da Vinci*.

Mesmo assim, restam alguns mistérios. Apesar do seu lugar de destaque no Da Vinci WebQuest, em *O Símbolo Perdido* a escultura enigmática terminou como uma espécie de MacGuffin* – um "item curioso" e secundário que movimentou algumas partes do enredo, mas que, no final das contas, mostrou-se como um engodo. Será que o plano de Dan Brown sempre foi esse? Ou será que *Kryptos*

---

* Segundo a Wikipedia, "elemento do enredo que desvia a atenção do espectador ou movimenta o enredo de uma obra de ficção". (N. do T.)

tinha um papel importante no enredo (lembrando que *O Símbolo Perdido* foi lançado quatro anos depois), mas depois "apagado" quando Sanborn declarou-se aborrecido por sua inclusão no novo livro?

Outro enigma ainda em aberto é se "WW" se refere de fato a William Webster. Antes do lançamento de *O Símbolo Perdido*, houve muita especulação sobre o fato de Dan Brown indicar seu próprio candidato ou não. Alguns diziam que seria Maria Madalena (WW de cabeça para baixo torna-se MM), o candidato antimaçônico à presidência, William Wirt (1772-1834), ou o presidente Woodrow Wilson.

Finalmente, Brown confirmou que seria William Webster – mas acrescentou que Nola Kaye (que é, por falar nisso, um nome fictício que deve ter sido baseado no especialista em *Kryptos*, Elonka Dunin) "ouvira rumores de que as iniciais na verdade se referiam a um homem chamado William Whiston – um teólogo da Royal Society [Real Sociedade de Londres]". É curioso que Dan Brown tenha incluído uma informação dessas, aparentemente secundária. Teria sido apenas um comentário inconsequente, refere-se a um enredo anterior de *O Símbolo Perdido*, ou Brown estaria nos levando a conhecer um pouco melhor a história de Whiston?

Se o fizermos rapidamente, refutaremos a descrição dada por Brown: Whiston era um polímata, mas nunca foi admitido na Royal Society, talvez por ele ser partidário do arianismo, uma heresia cristã. Dan Brown, porém, certamente poderia ter explorado melhor uma pintura de Whiston que o mostra na pose de "João Batista" (com o dedo indicador erguido), famosa por causa de *O Código Da Vinci*.

No entanto, a página de "Fatos" no início de *O Símbolo Perdido*, descrevendo a mensagem de *Kryptos*, é precisa. Poderíamos implicar com o fato de Brown distorcer a verdade quando diz que ela se refere a "um antigo portal", quando, na verdade, a terceira mensagem descreve um buraco numa parede que dá para um antigo túmulo (numa paráfrase da descoberta dos tesouros do rei Tutancâmon), embora pudesse reiterar seu ponto meramente com uma definição. Mas os pontos espantosos do documento mencionado estão basicamente corretos.

A pergunta interessante é: Será que essas referências a descobertas extraordinárias e a localizações enterradas indicam realmente um "tesouro" físico que James Sanborn teria escondido como a solução final de *Kryptos*? O artista diz que mesmo depois que a quarta seção for decifrada, será preciso resolver mais um enigma. Mesmo depois disso, a obra de arte de Sanborn está destinada a ser um mistério abstrato permanente. "Creio que toda arte deveria estar sujeita a tantas interpretações quantas fossem possíveis", diz Sanborn. "Se não restar nada mais a descobrir a seu respeito, então ela não será uma obra de arte interessante... Podem conseguir ler o que escrevi, mas aquilo que escrevi já é um mistério".

O Monumento a Washington, por Elliott Teel. *Copyright © Elliott Teel.*

CAPÍTULO 6
Teoria da Conspiração

Concluímos com uma nota curiosa: Casaubon, o amável protagonista de *O Pêndulo de Foucault*, é um dos três editores sagazes que introduzem informações esotéricas num programa de computador projetado para encontrar conexões. As coisas fogem ao controle num dos mais complexos, divertidos e absorventes romances do século XX.

Teoria da Conspiração   *por Umberto Eco*

Ofereci-me apressadamente para fazer algumas pesquisas rápidas. Não tardou para que me arrependesse. Vi-me num pântano de livros, onde era difícil distinguir fato histórico de boato hermético, e informação confiável de devaneios fantasiosos. Trabalhando como uma máquina durante uma semana, elaborei uma alucinante lista de seitas, lojas, conventículos. Volta e meia, espantava-me ao encontrar nomes familiares que não imaginava encontrar em tal companhia, e havia coincidências cronológicas que achei tão curiosas que decidi registrá-las. Mostrei este documento a meus dois cúmplices.

1645 Londres: Ashmole funda o Colégio Invisível, de inspiração rosa-cruz.
1660 Do Colégio Invisível, nasce a Royal Society; e da Royal Society, como todos sabem, os maçons.
1666 Paris: Fundação da Real Academia de Ciências.
1707 Nascimento de Claude-Louis de Saint-Germain, se é que ele realmente nasceu.
1717 Criação da Grande Loja em Londres.
1721 Anderson esboça as constituições da Maçonaria inglesa. Iniciado em Londres, Pedro o Grande funda uma loja na Rússia.
1730 Montesquieu, passando por Londres, é iniciado.
1737 Ramsay afirma a origem Templária da Maçonaria. Origem do Rito Escocês, doravante em conflito com a Grande Loja de Londres.
1738 Frederico, então príncipe coroado da Prússia, é iniciado. Mais tarde, torna-se patrono dos Enciclopedistas.
1740 Várias lojas criadas na França nesse ano: Escoceses Fiéis de Toulouse, Soberano Conselho Sublime, Loja-Mãe Escocesa do Grande Globo Francês, Colégio dos Sublimes Príncipes do Real Segredo de Bordeaux, Corte dos Soberanos Comandantes do Templo de Carcassonne, Filadelfos de Narbonne, Capítulo dos Rosa-Cruzes de Montpellier, Sublimes Eleitos da Verdade...

Elias Ashmole
por William Faithorne.
Gravura a buril, 1658.
© *National Portrait Gallery, Londres.*

1743 Primeira aparição pública do conde de Saint-Germain. Em Lyon, é criado o grau de cavaleiro kadosch, sendo sua tarefa vingar os Templários.

1753 Willermoz funda a loja da Perfeita Amizade.

1754 Martínez Pasqualis funda o Templo dos Eleitos Cohen (talvez em 1760).

1756 O barão Von Hund funda a Estrita Observância Templária, inspirado, segundo dizem, por Frederico II da Prússia. Pela primeira vez, fala-se nos Superiores Desconhecidos. Alguns insinuam que os Superiores Desconhecidos são Frederico e Voltaire.

1758 Saint-Germain chega a Paris e oferece ao rei seus serviços como químico, especialista em tinturas. Ele passa algum tempo com madame Pompadour.

1759 Presumível formação do Conselho dos Imperadores do Oriente e do Ocidente, que, três anos depois, idealiza as Constituições e Regulamentos de Bordeaux, a partir dos quais deve ter se originado o Antigo e Aceito Rito Escocês (embora ele não apareça oficialmente antes de 1801).

1760 Saint-Germain participa de uma ambígua missão diplomática na Holanda. Forçado a fugir, é preso em Londres e solto. Dom J. Pernety funda os Illuminati de Avignon. Martínez Pasqualis funda os Cavaleiros Maçons Eleitos do Universo.

1762 Saint-Germain na Rússia.

1763 Casanova conhece Saint-Germain, como Surmont, na Bélgica. Mais tarde, transforma uma moeda em ouro. Willermoz funda o Soberano Capítulo dos Cavaleiros da Águia Negra Rosa-Cruz.

O conde de Saint-Germain
St-Germain é um enigma tão grande para nós, hoje em dia, quanto o foi para seus contemporâneos. Era um notável estudioso e linguista, que falava "alemão, inglês, italiano, português, espanhol, francês com sotaque do Piemonte, grego, latim, sânscrito, árabe e chinês com tal fluência que, em todos os lugares por onde passava, era aceito como nativo". Pintava, tocava diversos instrumentos musicais e compôs uma ópera curta. Ajudou Mesmer a desenvolver a teoria do mesmerismo. "Era ambidestro, e tão hábil nisso, que podia escrever o mesmo texto com as duas mãos ao mesmo tempo. Depois, quando as duas folhas de papel eram superpostas com uma luz por trás delas, o texto numa folha cobria exatamente, letra por letra, o texto da outra". Ele encantou Casanova e a madame de Pompadour.

1768 Willermoz entra para a Eleitos Cohen, de Pasqualis. Publicação apócrifa em Jerusalém de *Les plus secrets mystères des haut grades de la maçonnerie devoilée, ou le vrai Rose-croix* [*Os maiores segredos dos altos graus da maçonaria revelados, ou os verdadeiros rosa-cruzes*]: diz que a loja dos rosa-cruzes fica no monte Heredon, a cem quilômetros de Edimburgo. Pasqualis se encontra com Louis Claude de Saint-Martin, depois conhecido como O Filósofo Desconhecido. Dom Pernety torna-se bibliotecário do rei da Prússia.

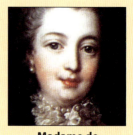

Madame de Pompadour

1771 O duque de Chartres, depois conhecido como Filipe Égalité, torna-se grão-mestre do Grande Oriente (que então era o Grande Oriente de França) e procura unificar todas as lojas. A loja do Rito Escocês resiste.

1772 Pasqualis vai para São Domingos, e Willermoz e Saint-Martin estabelecem o Tribunal Soberano, que se torna a Grande Loja Escocesa.

1774 Saint-Martin torna-se o Filósofo Desconhecido, e, como delegado da Estrita Observância Templária, vai negociar com Willermoz. Nasce um Diretório Escocês da Província de Auvergne. Deste nascerá o Rito Escocês Retificado.

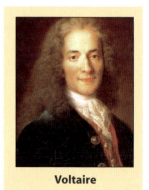

Voltaire

1776 Saint-Germain, com o nome de conde Welldone, apresenta planos químicos a Frederico II. Nasce a Sociedade dos Filaletes, para unir todos os hermetistas. A Loja das Nove Irmãs tem como membros Guillotin, Cabanis, Voltaire e Franklin. Adam Weishaupt funda os Illuminati da Baváría. Segundo alguns, ele é iniciado por um comerciante dinamarquês, Kolmer, que voltava do Egito e que provavelmente é o misterioso Altotas, mestre de Cagliostro.

1778 Saint-Germain, em Berlim, encontra-se com Dom Pernety. Willermoz funda a Ordem dos Cavaleiros Benfeitores da Cidade Santa. A Estrita Observância Templária e o Grande Oriente concordam em aceitar o Rito Escocês Retificado.

1782 Grande conferência de todas as lojas iniciatórias em Wilhelmsbad.

1783 O marquês Thomé funda o rito de Swedenborg.

1784 Morte presumida de Saint-Germain enquanto estava a serviço do landgrave de Hesse, para quem estava concluindo uma fábrica para a produção de tinturas.

1785 Cagliostro funda o Rito de Mênfis, que depois se torna o Antigo e Primitivo Rito de Mênfis-Misraim; ele aumenta o número de graus para noventa. Escândalo do Caso do Colar de Diamantes, orquestrado por Cagliostro. Dumas o descreve como um plano maçônico para desacreditar a monarquia. Os Illuminati da Baviera são extintos, suspeitos de complôs revolucionários.

1786 Mirabeau é iniciado pelos Illuminati da Baviera em Berlim. Aparece um manifesto rosa-cruz em Londres, atribuído a Cagliostro. Mirabeau escreve uma carta a Cagliostro e a Lavater.

1787 A França conta umas setecentas lojas. Weishaupt publica seu Nachtag, que descreve a estrutura de uma organização secreta na qual cada membro conhece apenas seu superior imediato.

O "Divino" Cagliostro
A história sugere que o conde de Cagliostro nasceu na Sicília como Giuseppe Balsamo em 1743, mas seus amigos acreditavam que ele era imortal, e que teria participado das bodas de Canãa. (Foi acusado por seus inimigos de ser o Diabo encarnado!)

Foi o fundador do Rito Egípcio, defendeu a inclusão de mulheres nas sociedades secretas (uma vez que eram admitidas nos Antigos Mistérios) e iniciou a princesa de Lamballe.

1789 Começa a Revolução Francesa. Crise nas lojas francesas.

1794 No dia 8 Vindimiário, o deputado Gregóire apresenta à Convenção o projeto para um Conservatório de Artes e Ofícios. Ele é instalado em Saint-Martin-des-Champs em 1799, pelo Conselho dos Quinhentos. O duque de Brunswick pede às lojas que se dissolvam porque uma venenosa seita subversiva corrompeu todas elas.

1798 Prisão de Cagliostro em Roma.

1804 Anúncio em Charleston da fundação oficial do Antigo e Aceito Rito Escocês, com o número de graus elevado para 33.

1824 Documento da corte de Viena ao governo francês denuncia associações secretas como os Absolutos, os Independentes, os Alta Vendita Carbonara.

1835 O cabalista Oettinger afirma ter encontrado Saint-Germain em Paris.

1846 O escritor vienense Franz Graffer publica o relato de um encontro entre seu irmão e Saint-Germain entre 1788 e 1790. Saint-Germain recebeu seu visitante enquanto folheava um livro de Paracelso.

1865 Fundação da Societas Rosacruciana em Anglia (algumas fontes dizem 1860, 1866 ou 1867). Bulwer-Lytton, autor do romance rosa-cruz *Zanoni*, entra para a sociedade.

1868 Bakunin funda a Aliança Internacional da Democracia Socialista, inspirado, segundo alguns, nos Illuminati da Baviera.

1875 Helena Petrovna Blavatsky, com Henry Steel Olcott, funda a Sociedade Teosófica. Surge seu *Ísis sem Véu*.* O barão Spedalieri proclama-se um membro da Grande Loja dos Irmãos Solitários da Montanha, Frater Illuminatus da Antiga e Restaurada Ordem dos Maniqueístas e dos Martinistas.

1877 Madame Blavatsky fala do papel teosófico de Saint-Germain. Entre suas encarnações, ele teria sido Roger e Francis Bacon, Rosenkreutz, Proclus, Santo Albano. O Grande Oriente da França elimina a invocação do Grande Arquiteto do Universo e proclama a absoluta liberdade de consciência. Rompe vínculos com a Grande Loja da Inglaterra e torna-se firmemente secular e radical.

1879 Fundação da Societas Rosicruciana nos EUA.

1880 Saint-Yves d'Alveydre inicia suas atividades. Leopold Engler reorganiza os Illuminati da Baviera.

1884 Leão XIII, com a encíclica *Humanum Genus*, condena a Maçonaria. Os católicos desertam-na; racionalistas correm para ela.

1888 Stanislas de Guaita funda a Ordem Cabalística da Rosa-Cruz. A Ordem Hermética da Aurora Dourada é fundada na Inglaterra com onze graus, de neófito a ipissimus. Seu imperador é McGregor Mathers, cuja irmã casa-se com Bergson.

---

* Publicado, em IV vols., pela Editora Pensamento, São Paulo, 1990.

1890 Joseph Péladan, chamado Joséphin, deixa Guaita e funda a Rosa-Cruz Católica do Templo e do Graal, proclamando-se Sar Merodak. Conflito entre rosa-cruzes da ordem de Guaita e os de Péladan é chamado de Guerra das Duas Rosas.

1891 Papus publica seu *Traité méthodique de science occulte* [*Tratado metódico de ciência oculta*].

1898 Aleister Crowley é iniciado na Aurora Dourada. Depois, funda a Ordem de Thelema.

Aleister Crowley

1907 Da Aurora Dourada nasce a Stella Matutina; Yeats é admitido nela.

1909 Nos Estados Unidos, H. Spencer Lewis "reativa" a Antiga e Mística Ordem Rosa-Cruz (AMORC), e, em 1916, num hotel, transforma com sucesso um pedaço de zinco em ouro. Max Heindel funda a Fraternidade Rosa-cruz. Em data incerta, seguem-se a Lectorium Rosicrucianum, Frères Aînés de la Rose-Croix, Fraternitas Hermetica, Templum Rosae-Crucis.

1912 Annie Besant, discípula de madame Blavatsky, funda, em Londres, a Ordem do Templo da Rosa-Cruz.

1918 Nasce a Sociedade de Thule na Alemanha.

1936 Na França, nasce O Grande Priorado dos Gauleses. Nos "Cadernos da fraternidade polar", Enrico Contardi-Rhodio fala de uma visita do conde de Saint-Germain.

Annie Besant

ENCONTRANDO OS SÍMBOLOS PERDIDOS NA CIDADE DE WASHINGTON

O Monumento a Washington:
E Pluribus Unum   *por Nicholas R. Mann*

Nicholas R. Mann é autor de livros sobre geomancia, mitologia, tradições celtas, geometria sagrada e, mais recentemente, arqueoastronomia. Seus estudos sobre o sistema de números e de propriedades geométricas do projeto da cidade de Washington estão em seu livro Sacred Geometry of Washington, D.C. *Seu livro* Druid Magic *é descrito pela Ordem Druida Britânica como "a melhor obra sobre a prática do druidismo moderno que existe hoje". Ele recebeu seu título universitário de história antiga e antropologia social com honras na Universidade de Londres.*

Há uma conexão íntima entre a criação do Monumento a Washington e o projeto de L'Enfant para a cidade de Washington. Projetados com sessenta anos de distância um do outro, ambos empregam os antigos princípios simbólicos da geometria sagrada; contudo, embora não haja uma prova positiva do uso proposital dessas técnicas no projeto de L'Enfant, o Monumento a Washington contém medidas simbólicas que são explícitas demais para não terem sido deliberadamente empregadas.

O Congresso autorizou a construção do monumento em 1800-801 após uma resolução inicial, em 1783, de erguer "uma estátua equestre de George Washington". Como, naquela época, o Senado não aprovou a verba de US$ 200.000, nada mais foi feito a respeito, talvez por conta de algum desconforto sobre a natureza dos projetos apresentados. Uma proposta feita em 1799, por exemplo, usava uma pirâmide de mármore com 9,3 m² na base, e esse projeto teria sido completamente inaceitável. Outras propostas incluíam um "mausoléu" baseado no original em Halicarnasso, considerado uma das Sete Maravilhas do Mundo Antigo. Seria uma enorme plataforma quadrada rodeada por uma colunata e com uma pirâmide com uma quadriga – cavalos e carro com um rei dentro – no alto dela. Mausolo tinha sido um déspota helenista, afirmando ter sido legitimado pelos deuses, e por isso parece que essa proposta teria sido considerada inaceitável. Contudo, mais tarde, os maçons basearam o projeto do seu templo na cidade de Washington nesse desenho... O próprio L'Enfant tinha apoiado a intenção ori-

Esquerda: Projeto de Robert Mills, 1846.
Acima: Projeção do monumento concluído, feita em 1852.

ginal do Congresso que era uma estátua equestre do presidente. Mas, por volta de 1833, tinham sido feitas propostas para uma estrutura completamente diferente – um obelisco de influência egípcia. Nunca ficou muito claro de quem foi essa ideia, mas costumam atribuí-la ao arquiteto Robert Mills. Seu grandioso projeto de 1845 incluía um polo de 180 m de altura, cercado por uma colunata circular de 30 m de altura, sobre a qual iria um carro puxado por cavalos. Talvez a ideia fosse incluir discretamente o presidente nele, como um imperador conquistador!

Em 1833, um grupo de cidadãos, muitos dos quais maçons, formou a Associação do Monumento Nacional a Washington, e começou a pedir contribuições. Em 1848, havia recursos suficientes para começar a construção do obelisco. A pedra angular foi assentada em 4 de julho desse ano, com o Grão-Mestre da Grande Loja do Distrito, Benjamin B. French, presidindo-a, acompanhado por um grande número de maçons. As verbas mostraram-se insuficientes para a colunata e a quadriga, e por isso – felizmente – foram abandonadas, mas o obelisco foi em frente. No entanto, os engenheiros encarregados do projeto consideraram o local escolhido, na interseção dos eixos que passavam pela Casa Branca e pelo Capitólio, inadequado para essa estrutura extremamente pesada. Assim, mudaram o obelisco de seu ponto, então nas margens do Potomac, na beira do Tibre, para um terreno levemente mais elevado e firme. Um monumento menor, encomendado por Thomas Jefferson e depois conhecido como Píer de Jefferson, foi construído para assinalar o verdadeiro ponto da interseção, mas ele não existe mais. Posteriormente, o National Mall foi realinhado com o monumento, desviando-o do eixo leste-oeste do projeto de L'Enfant.

Os dois tons das pedras usadas no monumento.

As verbas para esse projeto continuaram limitadas, e, depois de longos atrasos nas obras, que incluíram a Guerra Civil, o Congresso finalmente entrou em cena e disponibilizou verbas em 1876. O monumento a Washington foi finalmente inaugurado em 1885 (e o Grão-Mestre Benjamin B. French participou novamente da cerimônia de inauguração), sendo aberto ao público em 1888.

O Monumento a Washington é a mais alta estrutura de alvenaria do mundo. Embutidos nas paredes internas da estrutura, há blocos com os nomes dos estados da União que os enviaram. Também há blocos de outras fontes: muitos foram enviados por lojas maçônicas do país todo. Um foi enviado pelo papa, mas desapareceu em 1855; provavelmente, foi furtado e esmagado. A suspeita de que isso teria sido feito por maçons anticatólicos contribuiu para as circunstâncias que retardaram as obras do monumento, mas o maior fator de atraso na construção foi a Guerra Civil.

Quando foram retomadas as obras após a guerra, a pedra usada na construção tinha um tom levemente diferente do tom das pedras inferiores, uma discreta lembrança do efeito desse conflito nacional sobre o monumento.

As dimensões do monumento são as seguintes: O obelisco tem uma altura de 152,53 m (500,427 pés). O comprimento de cada lado é de 16,8 m (55,125 pés) na base e de 10,50 m (34,458 pés) no alto. A pirâmide que forma a ponta do obelisco tem uma altura de 16,76 m (55 pés). Isso inclui uma pirâmide de alumínio na ponta, com 36,13 cm² (5,6 polegadas) na base e 22,6 cm (8,9 polegadas) de altura. Portanto, a altura total é de 169,294 m (555 pés 5,125 polegadas) embora algumas fontes digam que deveria ser 169,32 m ou 555 pés 6 polegadas), um pouco mais do que dez vezes a largura da base.

O ângulo de inclinação de cada face da pirâmide é de 72 graus 36 segundos, ou 72,6 graus. Isso é mais do que meio grau além do ângulo de 72 graus presente no pentágono de cinco lados, ou pentáculo. Parece curiosa a escolha do ângulo de 72,6 graus, pois um ângulo exato de 72 graus situaria a pirâmide do monumento no âmbito das harmoniosas e "perfeitas" proporções da geometria da Seção Áurea. Com certeza, os números "5" nas medidas inglesas (pés e polegadas) do monumento parecem relacioná-lo com o pentáculo e com a geometria da Seção Áurea.

Aspectos da *gematria*, ou simbolismo numerológico, participam do projeto – acima de tudo, a seleção do ângulo de 55 graus entre certas avenidas. O pentáculo é o símbolo, *phi* é a proporção e 5 ou 55 o número representando os elementos, os sentidos e a matriz da vida animada. Embora não haja evidência direta de que os maçons, que certamente teriam tido consciência dessas coisas, tenham estado envolvidos no projeto de L'Enfant, estiveram diretamente envolvidos no projeto do Monumento a Washington. Parece muito provável que a decisão de fazer o monumento com 555 pés 5 polegadas de altura teria sido in-

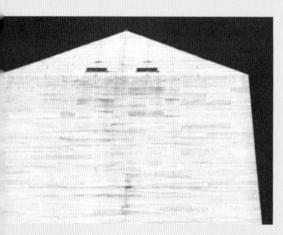

Acima: A pirâmide no alto do obelisco. Seus "olhos" são janelas, através das quais os visitantes podem ter uma visão da cidade de Washington. À direita: A cumeeira, o ápice do Monumento.

fluenciada por um ou mais ramos da Maçonaria que havia na cidade naquela época. Esses homens teriam em mente simbolismos e significados específicos, relacionados com o número 5. Por isso, é um tanto misteriosa a razão para que o ângulo exato do pentáculo de cinco pontas ou pentalfa, 72 graus, não tenha sido escolhido para a pirâmide que encima o monumento.

No entanto, levando em conta as dimensões do monumento em polegadas, podemos resolver o mistério. A altura total do obelisco em polegadas é de 6.665,125+, que pode ser justificadamente arredondada para 6.666. A altura da pirâmide, em polegadas, é de 660. Em polegadas, as arestas da base medem 661,5. Depois, é necessário considerar o ângulo de inclinação dos quatro cantos da base até o alto da pirâmide. Temos então exatamente 66 graus e 6 segundos, revelando o número oculto 666.

Os números 6.666 e 666, como 66, 6, 660 e 60, são solares e estão relacionados com o círculo e sua geometria de base seis. Na numerologia islâmica, 66 é o equivalente numérico de Alá. No judaísmo, a estrela de seis pontas ou hexagrama é o "Selo de Salomão". Ele aparece em todos os ramos da Maçonaria. O número 666 ganhou notoriedade no Ocidente como o número do abuso do poder e da autoridade mencionado no Livro do Apocalipse, mas, tradicionalmente, 666 representa o princípio solar. Também é um número de Cristo. O sol, 666, brilhando no alto, é o poder que dá ordem ao caos da Terra. É o princípio masculino em ação. O mal uso desse poder é que leva ao abuso. Foi essa manifestação desequilibrada do 666 que o autor do *Apocalipse* identificou com o Anticristo ou a "Besta". Por isso é que 666 passou a ser identificado com conceitos satânicos, ou com a negatividade extrema, mas é preciso enfatizar que esse não era seu significado original.

L'Enfant parece ter preferido a geometria com base seis e medidas múltiplas de 666 em seu projeto nas imediações da Casa Branca. O monumento a Washington deveria ficar a 4 x 666 jardas (4 x 609 metros) do Capitólio. A associação com o seis – o número do sol, da ação e da autoridade – era mais apropriada para o chefe hierárquico do governo. E como as torres têm sido associadas com o sol, a escolha de um obelisco também foi apropriada para a região Executiva da cidade. Na arquitetura islâmica, o minarete – "o lugar onde brilha a luz" – enfatiza a dimensão vertical, transcendente de Deus. No antigo Egito, o obelisco simbolizava os raios do sol.

A manifestação surpreendentemente exata do 6 ou do 666 nas diversas medidas do Monumento a Washington sugere que esses números foram intencionalmente escolhidos por seus arquitetos e projetistas – homens que eram maçons ou que foram influenciados por essa fraternidade.

Evidentemente, os números deveriam ter importância maior no monumento a um presidente – ele próprio maçom – do que as proporções da Seção Áurea e suas medidas. A mais elevada iniciação que um maçom pode obter é definida pela metade de 66, ou seja, o 33º grau. Além disso, os comprimentos das arestas da pirâmide, medidas dos cantos da base até a ponta, são aproximadamente de 60 pés (18,29 metros). Este número, juntamente com o 666 e outros números com base seis, parece ter sido escolhido para enfatizar a simbologia sêxtupla do monumento.

Na verdade, o Monumento a Washington é uma complexa alegoria numérica. Criado sob a influência dos autoproclamados herdeiros da antiga tradição arquitetônica, os maçons, ele se ergue sobre um quadrado, a base do templo. Qualquer face visível da pirâmide é um triângulo, representando, entre tantas coisas, a Trindade, ou o compasso na mão do Supremo Arquiteto. O monumento representa

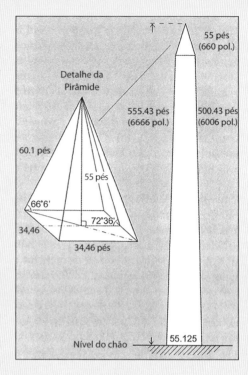

o pilar singular da nação, de suas terras e povos, simbolizados pelas medidas múltiplas de cinco e pelos blocos inscritos de cada Estado na estrutura. Assim, personifica em pedra o lema nacional *E Pluribus Unum*, "De Muitos, Um". Finalmente, o pilar singular, encimado pela pirâmide, tem medidas que fundem os números 5 e 555 com o 6 e o 666. O número 555 refere-se à diversidade e à vida animada. É o número terrestre e lunar. O número 666 é a autoridade, o valor solar do chefe da hierarquia, o presidente. Em termos específicos, é o número do primeiro, o presidente que fundou a nação.

666 e 1080

É tentador brincar um pouco mais com os números do Monumento a Washington. Aparentemente, foram feitos alguns ajustes nas proporções para afetar o simbolismo numérico. Por exemplo, a altura da parte principal do obelisco é de 500,427 pés. Por que não exatamente 500 pés ou 6.000 polegadas?

Se o objetivo da geometria era conciliar os números 5 e 6, essa teria sido uma boa solução. Contudo, para que os importantes ângulos de 66 graus 6 minutos estivessem presentes, os projetistas precisavam desses 0,427 pés, ou $5^{1/8}$ polegadas, para chegar à altura total do monumento, e a pirâmide precisava ter exatamente 55 pés de altura, dada a base com 34,458 pés. É interessante observar que as polegadas adicionais, somadas ao comprimento da aresta da base do obelisco, 55,125 pés, e o comprimento da aresta da base da pirâmide, 34,458 pés, somam 90 pés:

$$55,125 + 34,458 + 0,427 = 90,01$$

Novamente, são estranhos números, pois um comprimento exato de 55 pés para a base do obelisco daria 660 polegadas. No entanto, a intenção desses ajustes mínimos é sutil. Pois, assim como a altura do Monumento só revela seu significado quando medida em polegadas, a medida de 90 pés só revela seu verdadeiro significado se convertida em polegadas – 1080. Na *gematria*, este número é tão importante quanto o 666. É o número feminino, lunar e terreno, o oposto polar do número do sol. O número 1080 é encontrado nos ângulos do pentáculo, e é bastante apropriado para as medidas do obelisco, cujos blocos construtivos representam a unidade dos Estados Unidos. Ajustando as medidas do monumento em 0,1%, os maçons que projetaram o Monumento a Washington dotaram-no de um simbolismo numérico profundamente rico.

Outros Locais de Interesse para os Leitores de *O Símbolo Perdido*

Acima: Washington, Jefferson e Madison queriam um jardim nacional na capital, mas só em 1820 o Congresso criou um. A estufa reconstruída do Jardim Botânico dos Estados Unidos foi inaugurada em 2001.

À direita: A 2.400 metros ao norte da Casa Branca, o Meridian Hill Park fica bem no meridiano central do Distrito de Colúmbia original, começando na pedra limítrofe mais meridional de Jones Point e chegando na ponta norte do losango. Treze bacias de água em cascata, rodeadas por papiros, acompanham a íngreme inclinação da colina.

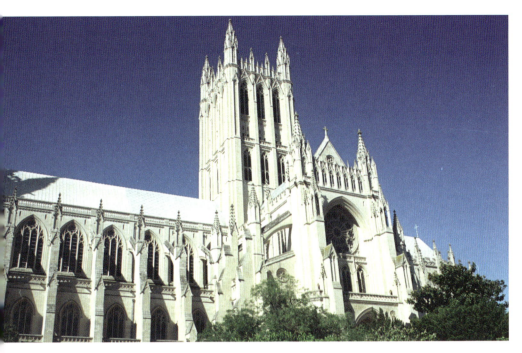

Robert Langdon e Katherine Solomon são novamente capturados na Catedral Nacional (acima). Em construção por 83 anos, foi concluída em 1990. Suas paredes e suas torres são de alvenaria sólida, como as catedrais góticas da Europa.

À esquerda: O Instituto Smithsonian tem quase uma dezena de museus no National Mall. Foi fundado em 1846.

À direita: Às vezes, o "Castelo" Smithsonian e o Monumento a Washington conspiram para dar à capital dos EUA a aparência de um reino medieval.

Notas, Fontes e Permissões

A menos que creditado de outra forma, todas as fotos do livro foram feitas por Michael Bober e têm copyright © 2009 por Michael D. Bober.

Library of Congress, Prints and Photographs Division [Biblioteca do Congresso, Divisão de Gravuras e Fotografias]: Capítulo 2: LC-USZ62-31808, LC-USZC4-1090, LC-USZC4-771, LC-USZC4-11489, LC-USZ62-75795, LC-B8184-10205, LC-USZ62-104931, LC-USZ62-23939. Capítulo 3: LC-USZC4-530. Capítulo 6: LC-DIG-pga-03189, LC-USZC4-579, LC-H824-T-M04-045. Library of Congress, Maps Division [Biblioteca do Congresso, Divisão de Mapas]. Capítulo 3: g3850 ct001865, g3851s cw0674000.

Capítulo 1

A citação de Kleinknecht ("Escondida à Luz do Dia") é de sua Introdução a *The Secret Architecture of Our Nation's Capital*, de David Ovason.

A citação de Manly Hall é de seu livro *The Secret Teachings of All Ages*.

"Maçonaria Especulativa" de Jasper Ridley foi extraído de seu capítulo três, intitulado "The Seventeenth Century" de *The Freemasons*, Copyright © 1999 por Jasper Ridley, publicado por Arcade Publishing, Nova York, NY. As notas de rodapé desse trecho são as seguintes:

1. Knoop e Jones, *Genesis of Freemasonry*, 130-31.
2. Ibid. 97; Lane, 27, 31.
3. Mat. xvi.18.
4. Bíblia de Genebra, notas a I Sam.xxvi.9.
5. 2 Cron., caps. ii-viii.
6. Knoop e Jones, *Genesis of Freemasonry*, 90.

7. Piatigorsky, 46-8, 59, 61, 63, 92-102.
8. White, *Isaac Newton*, 158-62; Peters, "Sir Isaac Newton and the 'The Oldest Catholic Religion'"; Peters, "Sir Isaac Newton and the Holy Flame"; (*AQC*, c.192-96; ci.207-13).
9. *Early Masonic Pamphlets* [*Panfletos Maçônicos Antigos*], 30,79.
10. Knoop e Jones, *Genesis of Freemasonry*, 92.
11. Jackson, "Rosicrusianism and its Effect on Craft Masonry"; (*AQC*, xcvii.124).
12. Ibid.; Hamill e Gilbert, *Freemasonry: A Celebration of the Craft*, 20.
13. Hamill e Gilbert, *Freemasonry: A Celebration of the Craft*, 254; Knoop e Jones, *Genesis of Freemasonry*, 132; Rogers, "The Lodge of Elias Ashmole"; (*AQC*, lxv.38).
14. Plot, *The Natural History of Stafford-shire*, 316; *Early Masonic Pamphlets*, 31.
15. Williamson e Baigent, "Sir Christopher Wren and Freemasonry: New Evidence" (*AQC*, cix.188-90).
16. Castells, *English Freemasonry in the Period of Transition*, 36; Knoop e Jones, *Genesis of Freemasonry*, 144.
17. Sobre os processos contra os Templários (*AQC*, xx.47-70, 112-42, 269-342).
18. Barruel, *Mémoires pour server à l'histoire du Jacobisme*, ii.376.
19. Para as diversas teorias sobre a história dos Cavaleiros Templários na Escócia, ver especialmente Robinson, *Born in Blood*, em vários lugares.

"Origens do Sufismo" por Robert Graves foi extraído de sua Introdução a *The Sufis*, de Idries Shah, copyright © 1964 de Robert Graves, publicado por Jonathan Cape, Londres, Inglaterra. Publicado com a permissão de Carcanet Press.

"A Palavra Perdida" por Gerard de Nerval, foi extraído de *Journey to the Orient*, publicada originalmente em francês em 1851, traduzida para o inglês por Nicholas Glass e publicada pela NYU Press em 1972. O título original deste capítulo era "Makbenash" e tem o copyright © de NYU Press.

"Assim em Cima como Embaixo" foi extraído de *The Secret Teachings of All Ages*.

"Maçonaria Simbólica" foi extraído de *Born in Blood*, de John J. Robinson, copyright © de John J. Robinson 1989, publicado por M. Evans & Co.

"O Viajante" foi extraído de *A Pilgrim's Path*, de John J. Robinson, copyright © de John J. Robinson, 1993 e publicado por M. Evans & Company.

"Os Cavaleiros Templários e o Segredo do Pergaminho" tem copyright © 2009 de John White. As notas de rodapé deste trecho são:

1. W. L. Tucker, "Royal Arch Masonry", *Royal Arch Mason* (primavera de 2001, p. CT-5).
2. Thomas C. Berry, carta ao editor, *Royal Arch Mason* (verão de 2001, p. 167).

O Capitólio

Textos sobre *A Apoteose de Washington*, o Salão Nacional de Estátuas e a Estátua da Liberdade são do Escritório do Arquiteto do Capitólio.

Capítulo 2

"O Colégio Invisível" foi extraído de *The Rosicrucian Enlightenment*, por Frances Yates, copyright ©1972 de Frances A. Yates e reproduzido com a permissão de Taylor & Francis.

"Civilidade Maçônica Durante a Guerra da Independência" foi extraído de *The Temple and the Lodge*, de Michael Baigent e Richard Leigh, copyright © 1991 de Michael Baigent e Richard Leigh e reproduzido com a permissão de Arcade Publishing, Nova York, NY.

"O Grande Selo dos Estados Unidos" foi extraído de © de Joseph Campbell e Bill

Moyers, copyright © 1988 de Apostrophe S Productions, Inc., e Bill Moyers e Alfred Van der Marck Editions, Inc., por si e pelo espólio de Joseph Campbell. Usado com a permissão da Doubleday, uma divisão da Random House, Inc.

Capítulo 3

"O Grande Jantar" e "Pierre L'Enfant Projeta a Capital Federal" são ambos copyright © 2009 de Michael D. Bober.

"Pierre L'Enfant e a Geometria Sagrada da Cidade de Washington" foi publicado originalmente em *The Sacred Geometry of Washington, D.C.* por Nicholas R. Mann, copyright © 2006 de Nicholas R. Mann e reproduzido com a permissão de Green Magic.

Kryptos

Kryptos apareceu originalmente em *Da Vinci in América*, copyright © 2004 de Greg Taylor. Foi acrescentado material, copyright © 2009 também de Greg Taylor. Reproduzido com a permissão de Daily Grail Publishing, Brisbane, Austrália.

Capítulo 6

"Teoria da Conspiração" de Umberto Eco foi extraído de *Foucault's Pendulum* (*O Pêndulo de Foucault*), trad. para o inglês de William Weaver, copyright © 1988 de Gruppo Editoriale Fabbri Bompiani, Sonzog Etas S.p.A., Milão. Trad. Inglesa, copyright © 1989 de Harcourt, Inc., reproduzido com a permissão de Harcourt, Inc.

O Monumento a Washington

"O Monumento a Washington: *E Pluribus Unum*" foi reproduzido de *The Sacred Geometry of Washington, D.C.* de Nicholas R. Mann, copyright © 2006 de Nicholas R. Mann e reproduzido com a permissão de Green Magic.

impressão acabamento

rua 1822 nº 341
04216-000 são paulo sp
T 55 11 3385 8500
F 55 11 2063 4275
www.loyola.com.br